Inhaltsverzeichnis

AF197949

(1)

5 + 1 = ___	4 + 5 = ___	6 + 2 = ___
7 + 2 = ___	3 + 4 = ___	7 + 3 = ___
6 + 3 = ___	2 + 1 = ___	8 + 1 = ___

(2)

5 − 2 = ___	9 − 6 = ___	10 − 2 = ___
6 − 3 = ___	7 − 4 = ___	10 − 5 = ___
9 − 2 = ___	8 − 5 = ___	10 − 7 = ___

(3) Vorwärts und rückwärts

a) 4, 5, ___, ___, ___, 9   b) 5, 4, ___, ___, ___, 0

0, 2, ___, ___, ___, 10   10, 8, ___, ___, ___, 0

(4) Verbinde.

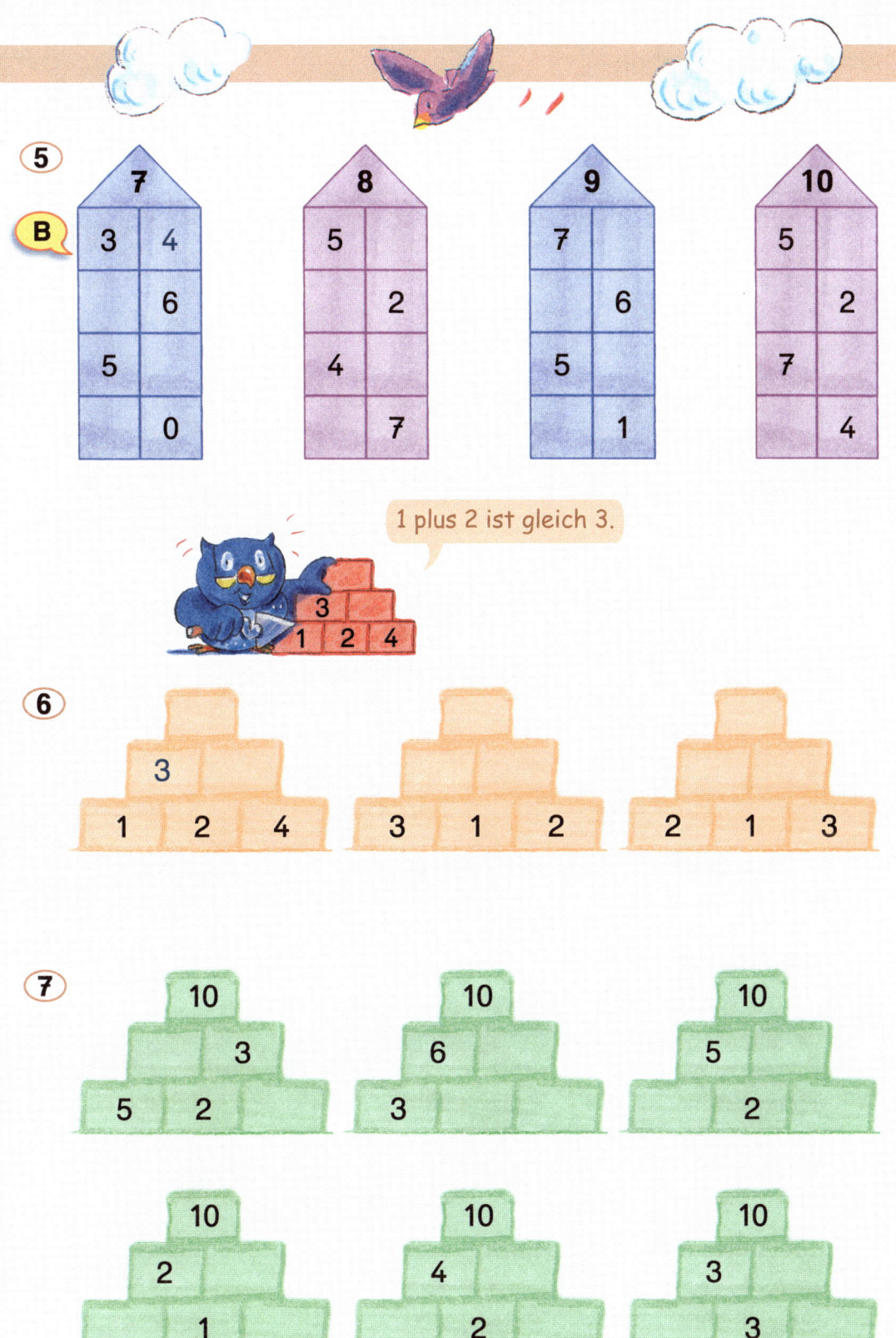

1 plus 2 ist gleich 3.

3

① **Zeichne und rechne.**

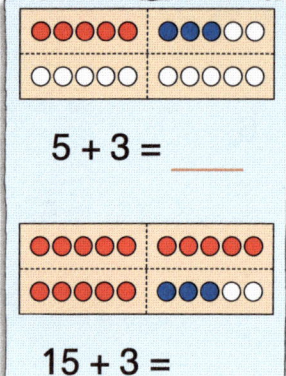

5 + 3 = ____

15 + 3 = ____

4 + 2 = ____

14 + 2 = ____

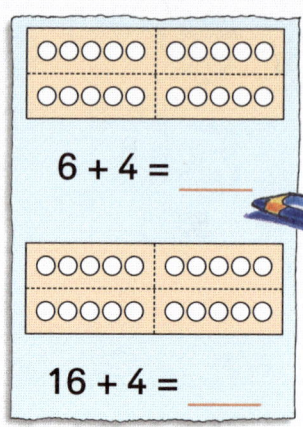

6 + 4 = ____

16 + 4 = ____

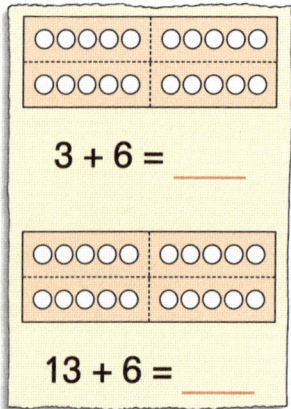

3 + 6 = ____

13 + 6 = ____

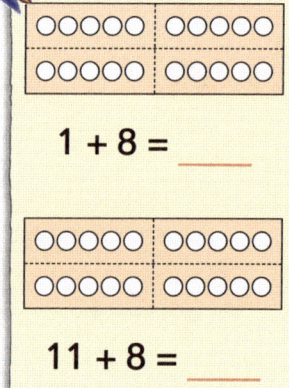

1 + 8 = ____

11 + 8 = ____

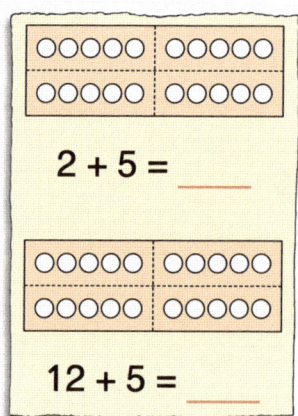

2 + 5 = ____

12 + 5 = ____

② **Rechne.**

5 + 4 = ____

15 + 4 = ____

6 + 2 = ____

16 + 2 = ____

3 + 4 = ____

13 + 4 = ____

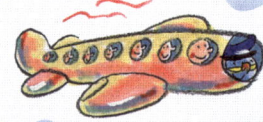

4 + 5 = ____

14 + 5 = ____

7 + 3 = ____

17 + 3 = ____

8 + 2 = ____

18 + 2 = ____

1 Zeichne und rechne.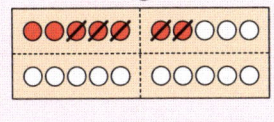

7 − 5 = _____

8 − 3 = _____

6 − 6 = _____

17 − 5 = _____

18 − 3 = _____

16 − 6 = _____

9 − 6 = _____

8 − 5 = _____

7 − 4 = _____

19 − 6 = _____

18 − 5 = _____

17 − 4 = _____

2 Rechne.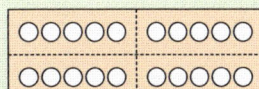

6 − 3 = _____

5 − 2 = _____

4 − 3 = _____

16 − 3 = _____

15 − 2 = _____

14 − 3 = _____

9 − 5 = _____

8 − 4 = _____

7 − 6 = _____

19 − 5 = _____

18 − 4 = _____

17 − 6 = _____

5

① Zeichne und rechne.

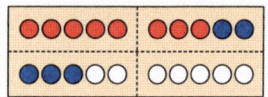

$8 +\ \ \ \ 5\ \ \ \ =$ ___ $\qquad$ $7 +\ \ \ \ 6\ \ \ \ =$ ___ $\qquad$ $5 +\ \ \ \ 9\ \ \ \ =$ ___

$8 + 2 + 3 =$ ___ $\qquad$ $7 + 3 +$ ___ $=$ ___ $\qquad$ $5 +$ ___ $+$ ___ $=$ ___

② Bis zur 10 und dann weiter

$4 +\ \ \ \ 8\ \ \ \ =$ ___ $\qquad$ $9 +\ \ \ \ 3\ \ \ \ =$ ___ $\qquad$ $7 +\ \ \ \ 7\ \ \ \ =$ ___

$4 + 6 +$ ___ $=$ ___ $\qquad$ $9 +$ ___ $+$ ___ $=$ ___ $\qquad$ $7 +$ ___ $+$ ___ $=$ ___

$6 +\ \ \ \ 5\ \ \ \ =$ ___ $\qquad$ $8 +\ \ \ \ 7\ \ \ \ =$ ___ $\qquad$ $2 +\ \ \ \ 9\ \ \ \ =$ ___

$6 +$ ___ $+$ ___ $=$ ___ $\qquad$ $8 +$ ___ $+$ ___ $=$ ___ $\qquad$ $2 +$ ___ $+$ ___ $=$ ___

$7 +\ \ \ \ 6\ \ \ \ =$ ___ $\qquad$ $5 +\ \ \ \ 9\ \ \ \ =$ ___ $\qquad$ $8 +\ \ \ \ 8\ \ \ \ =$ ___

$7 +$ ___ $+$ ___ $=$ ___ $\qquad$ $5 +$ ___ $+$ ___ $=$ ___ $\qquad$ $8 +$ ___ $+$ ___ $=$ ___

③ **B**

13	
5	8
9	
8	
6	

16	
7	
8	
9	
10	

14	
6	
	9
8	
	7

4 Streiche weg und rechne.

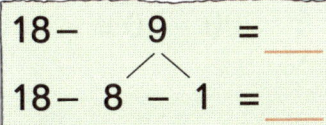

$17 - 8 = \_\_$

$17 - 7 - 1 = \_\_$

$14 - 6 = \_\_$

$14 - 4 - 2 = \_\_$

$15 - 7 = \_\_$

$15 - 5 - 2 = \_\_$

5 Rechne.

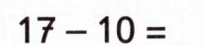

$18 - 9 = \_\_$

$18 - 8 - 1 = \_\_$

$11 - 6 = \_\_$

$11 - \_\_ - \_\_ = \_\_$

$13 - 4 = \_\_$

$13 - \_\_ - \_\_ = \_\_$

$12 - 6 = \_\_$

$12 - \_\_ - \_\_ = \_\_$

$15 - 8 = \_\_$

$15 - \_\_ - \_\_ = \_\_$

$16 - 7 = \_\_$

$16 - \_\_ - \_\_ = \_\_$

$17 - 9 = \_\_$

$17 - \_\_ - \_\_ = \_\_$

$14 - 9 = \_\_$

$14 - \_\_ - \_\_ = \_\_$

$13 - 6 = \_\_$

$13 - \_\_ - \_\_ = \_\_$

6 Rechne und ergänze die letzte Aufgabe.

$17 - 10 = \_\_$

$17 - 11 = \_\_$

$17 - 12 = \_\_$

$17 - 13 = \_\_$

17

$18 - 10 = \_\_$

$18 - 11 = \_\_$

$18 - 12 = \_\_$

$18 - 13 = \_\_$

18

$20 - 10 = \_\_$

$20 - 11 = \_\_$

$20 - 12 = \_\_$

$20 - 13 = \_\_$

20

① Rechne.

a)
5 + 8 = _____
12 + 6 = _____
9 + 7 = _____
7 + 8 = _____
6 + 9 = _____
11 + 5 = _____
13 + 4 = _____

b)
17 − 8 = _____
11 − 5 = _____
12 − 6 = _____
20 − 12 = _____
19 − 13 = _____
17 − 14 = _____
13 − 8 = _____

c)
20 − 13 = _____
11 + 9 = _____
17 − 8 = _____
5 + 12 = _____
20 − 16 = _____
0 + 18 = _____
20 − 0 = _____

②

+	3	4	5
5			
15			

−	2	4	5
6	4		
16			

③ Rechenmauern bis 20

| 4 | 5 | 3 |

| 2 | 7 | 4 |

| 2 | 3 | 9 |

| 9 | | |
| 3 | 2 | |

| | 5 | |
| 8 | | 1 |

| | 10 | |
| 6 | 4 | |

4

Zahl	4	2	5		8		9
Das Doppelte				14		12	

Zahl	18	12		10		16	20
Die Hälfte			4		7		

5 Rechendreiecke

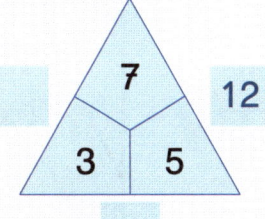
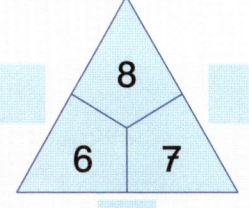
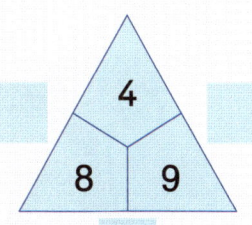

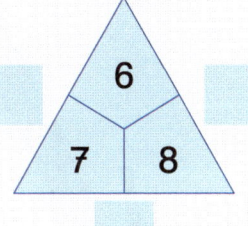
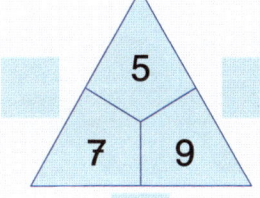
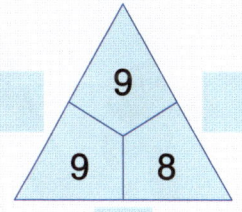

6 Kleine Knobelei

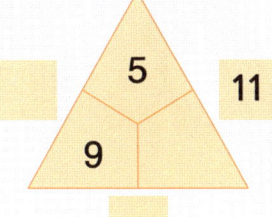
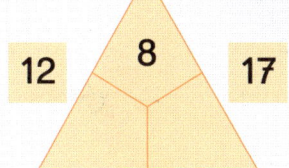
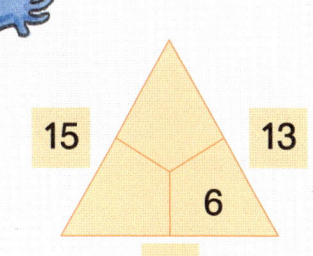

Färbe das passende Auto in der richtigen Farbe.

① Welches Auto  parkt über ?

② Was siehst du  rechts von ?

③ Was siehst du  links von ?

④ Was siehst  du vor ?

① **Wie viele Zehner sind es?**

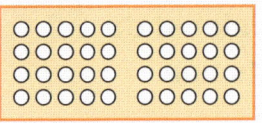

___ Z

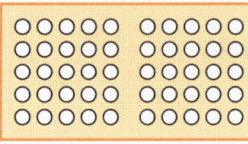

___ Z

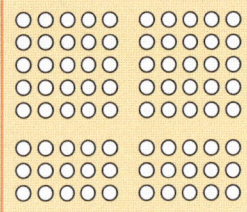

___ Z

___ Z

1 Zehnerstange sind 10 Einer.

② **Wie viele sind es?**

B

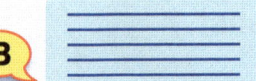

$5Z = 50$

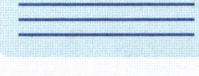

___ Z = ___

___ Z = ___

___ Z = ___

③ **Verbinde die Zehnerzahlen in der richtigen Reihenfolge.**

20   100   90

10   60   80

30   40   50   70

4 **Wie viele Zehner und Einer sind es?**

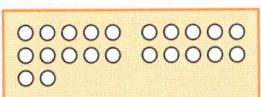

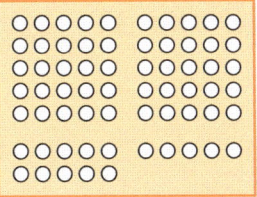

___Z ___E

___Z ___E

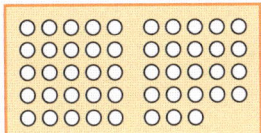

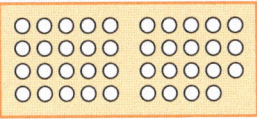

___Z ___E

___Z ___E

5

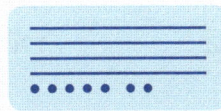

B 5Z 4E = 54

___Z ___E = ___

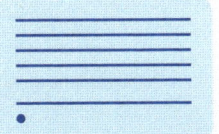

___Z ___E = ___

___Z ___E = ___

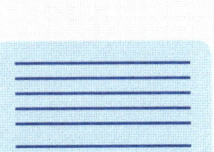

___Z ___E = ___

___Z ___E = ___

1 **Verbinde die Zahlen in der richtigen Reihenfolge.**

a) von 1 bis 33  **B**   b) von 50 bis 87  **B**

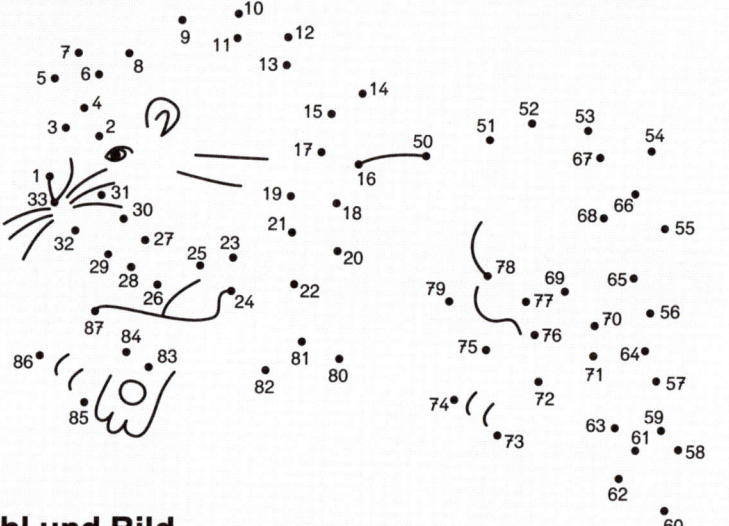

2 **Verbinde Zahl und Bild.**

a)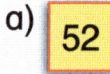

| 52 | 44 | 13 | 32 | 28 |

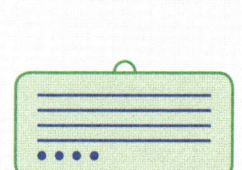

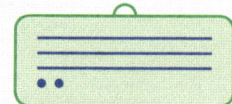

b)

| 54 | 45 | 63 | 36 |

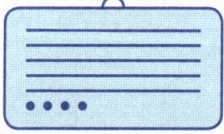 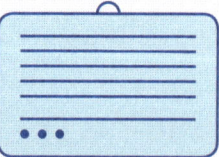 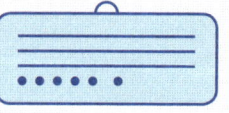 

1 **Welche Zahlen sind dargestellt?**

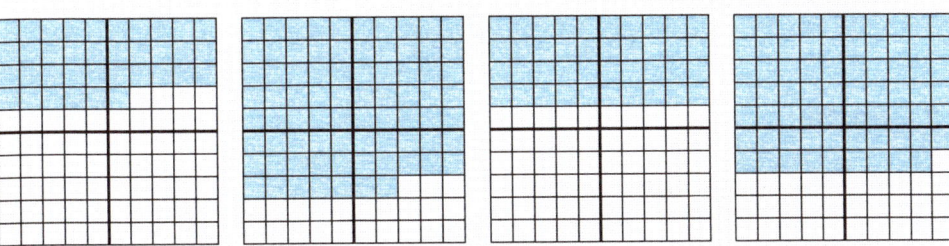

B 36 ___ ___ ___

2 **Färbe.**

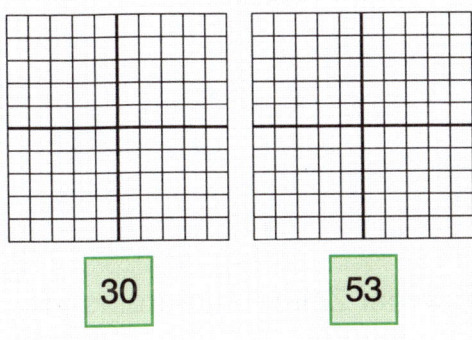

30   53

3 **Meine Zahl hat …**

… 6 Z und 5 E.   … 4 Z und 8 E.

___   ___

4 **Pass gut auf!**

4 Z und 1 E   4 E und 1 Z   5 E und 3 Z   3 Z und 5 E

___   ___   ___   ___

1 Trage alle fehlenden Zahlen ein.

1	2	3	4	5	6	7	8	9	10
11	12							19	
21		23					28	29	
31			34			37			
41				45	46				
51				55	56				
61			64			67			
71		73					78		
81	82							89	
91	92	93	94	95	96	97	98	99	100

2 Färbe:

- Zehnerzahlen gelb

- Zahlen mit
  8 Einern rot

3 Ergänze die Sätze.

Setze ein:

die Einer   die Zehner   am Ende der Zeile   untereinander

a) In der Hundertertafel stehen

- alle Zahlen mit 8 Einern _____ .

- alle Zehnerzahlen _____ .

b) Wenn du in der Tabelle nach rechts oder links wanderst,

   verändern sich _____ .

c) Wenn du in der Tabelle nach oben oder unten wanderst,

   verändern sich _____ .

4 **Ergänze die Ausschnitte aus der Hundertertafel.**

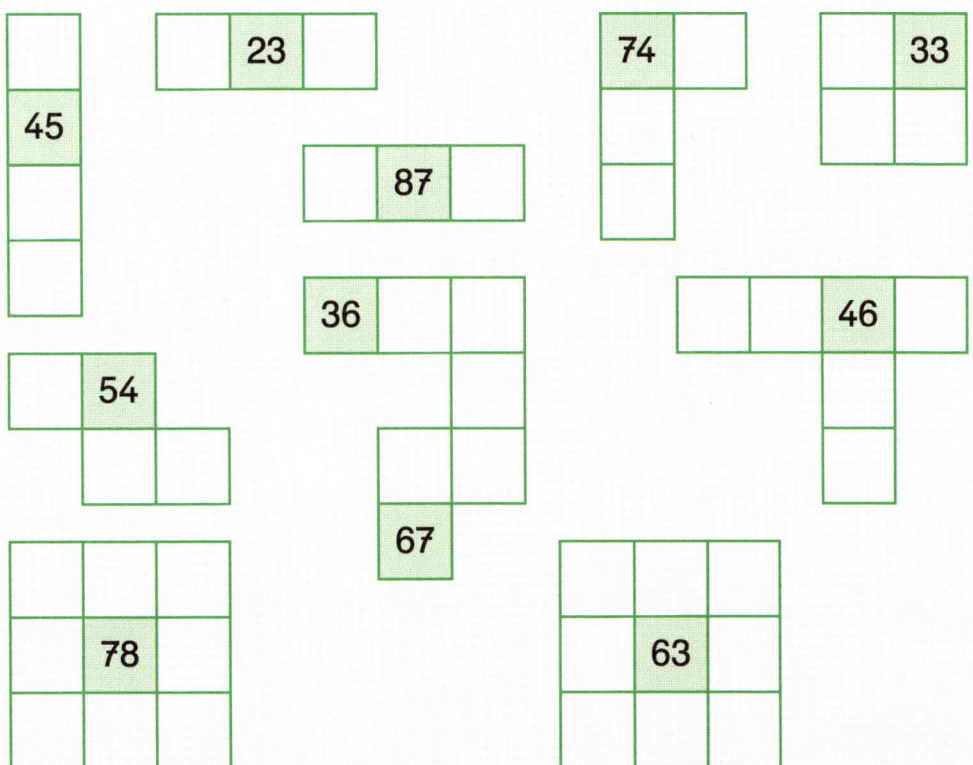

5 **Rechenrätsel: Wie heißt die Zahl aus der Hundertertafel?**

a) Meine Zahl steht in der letzten Zeile

   und eine Ziffer ist die 2: _____

b) Meine Zahl besteht aus einer 4 und

   einer 6: _____ oder _____

c) Meine Zahl steht zwischen 50 und 60

   und hat zwei gleiche Ziffern: _____

d) Meine Zahl ist die größte Zahl auf der Tafel: _____

Die Aufgaben gehen rechts weiter.

1 **Trage alle Zehnerzahlen ein.**

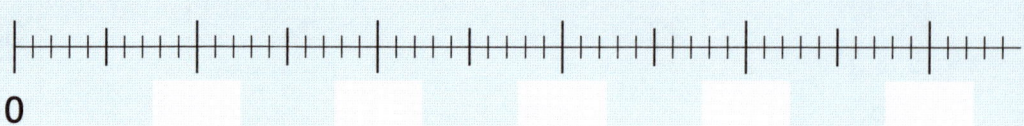

0

2 **Trage alle Zahlen mit 5 Einern ein.**

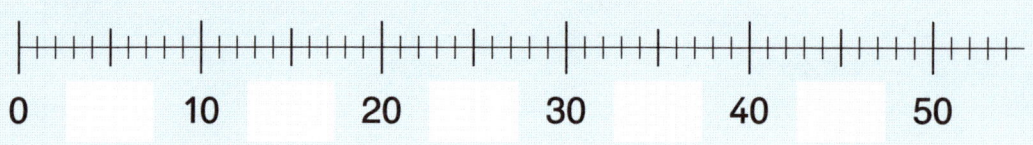

0   10   20   30   40   50

3 **Zähle in 5er-Schritten vorwärts …**

a) 5, 10, _____, _____, _____, _____, _____, _____, 45

c) 30, 35, _____, _____, _____, _____, _____, _____, 70

e) 60, 65, _____, _____, _____, _____, _____, _____, 100

4 **Verbinde.**

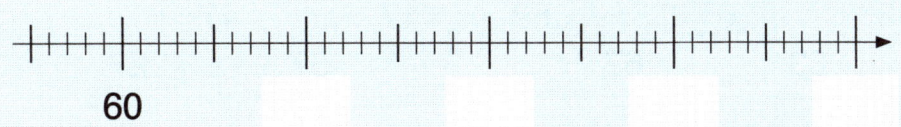

60

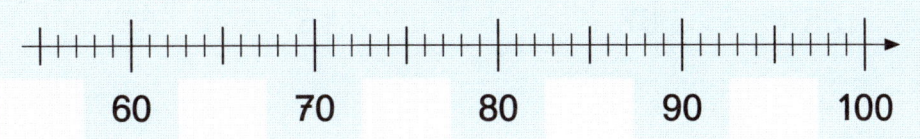

60   70   80   90   100

... und rückwärts

b) 65, 60, ___, ___, ___, ___, ___, ___, 25

d) 40, 35, ___, ___, ___, ___, ___, ___, 0

f) 85, 80, ___, ___, ___, ___, ___, ___, 45

5 Wie heißen die Zahlen?

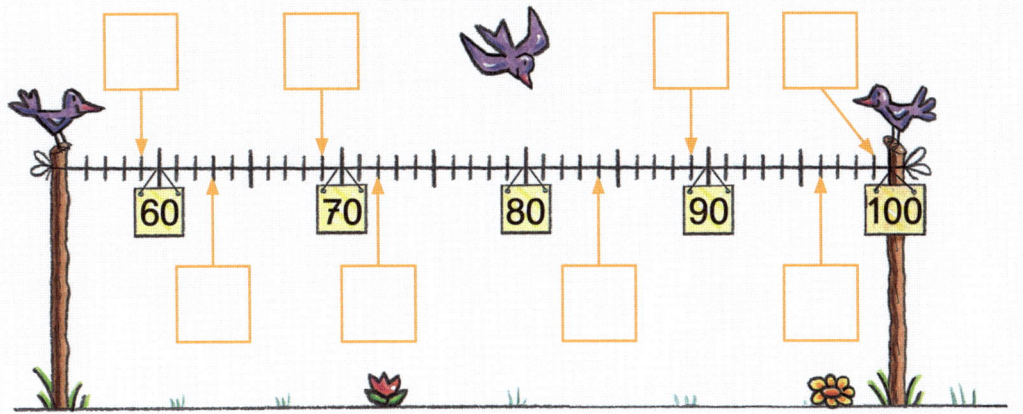

1 **Ordne die Zahlen der Größe nach.**

65	~~61~~	69
	63	67

17	47	77
	57	27

B 61 _____ _____ _____   _____ _____ _____

46	94	100
	35	87

49	91	78
	15	62

_____ _____ _____   _____ _____ _____

2 **Nachbarzahlen**
Welche Zahl steht dazwischen?

B

35	36	37
73		75
94		96

45		47
67		69
13		15

23		25
56		58
98		100

3 **Welche Zahl steht davor und welche dahinter?**

Vorgänger	Zahl	Nachfolger
45	46	47
	33	
	29	
	16	

Vorgänger	Zahl	Nachfolger
	67	
	56	
	78	
	97	

4 **Nachbarzehner**

Zwischen welchen Zehnern stehen die Zahlen?

B _60_ **64** _70_ ___ **92** ___ ___ **51** ___

___ **73** ___ ___ **68** ___ ___ **34** ___

___ **49** ___ ___ **35** ___ ___ **28** ___

___ **16** ___ ___ **88** ___ ___ **96** ___

5 **Rechne bis zum Nachbarzehner.**

64 + ___ = 70

64 − ___ = 60

83 + ___ = 90

83 − ___ = 80

47 + ___ = 50

47 − ___ = 40

78 + ___ = ___

78 − ___ = ___

52 + ___ = ___

52 − ___ = ___

31 + ___ = ___

31 − ___ = ___

6 **Vergleiche:** ⊖ ⊜ ⊘

26 ◯ 79   82 ◯ 51   74 ◯ 74

65 ◯ 17   99 ◯ 100   70 ◯ 90

80 ◯ 81   67 ◯ 58   11 ◯ 11

53 ◯ 53   34 ◯ 57   48 ◯ 60

1 **Vier Kinder spielen zusammen. Wer sieht was?**
Schreibe die Namen unter die Ansichten.

Andreas

Tim

Sarah

Laura

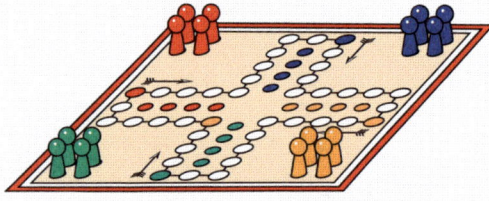

_____

_____

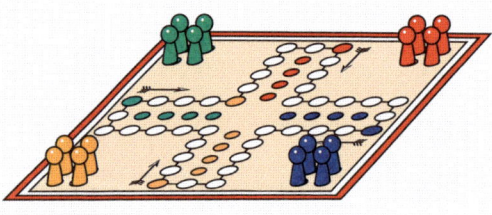

_____

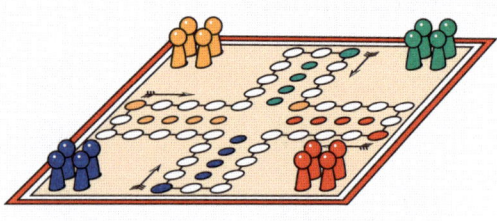

_____

1 **Andreas baut ein Spielzeugauto.**
Bringe die Bilder in die richtige Reihenfolge.

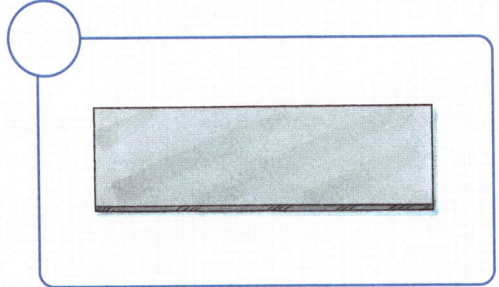

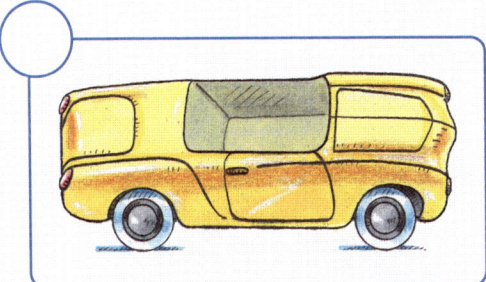

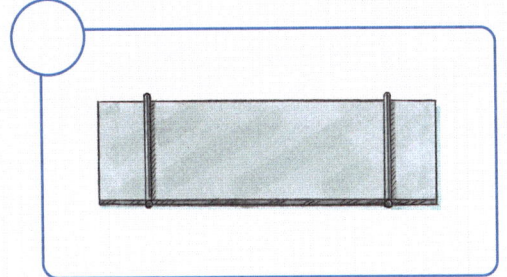

① Rechnen mit Zehnerzahlen

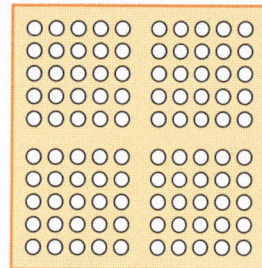

a) 30 + 40 = _____

    20 + 70 = _____

    50 + 10 = _____

    80 + 20 = _____

b) 100 – 50 = _____

    100 – 20 = _____

    100 – 40 = _____

    80 – 30 = _____

c) 50 + _____ = 100

    90 + _____ = 100

    20 + _____ = 100

    60 + _____ = 100

d) 100 – _____ = 30

    100 – _____ = 90

    100 – _____ = 60

    100 – _____ = 80

② Zehner und Einer

a) 40 + 3 = _____

    40 + 7 = _____

    60 + 2 = _____

    60 + 1 = _____

b) 90 + 9 = _____

    90 + 5 = _____

    30 + 6 = _____

    30 + 2 = _____

c) 34 – _____ = 30

    46 – _____ = 40

    99 – _____ = 90

    68 – _____ = 60

③ Rechne weiter.

a) 54 + 1 = _____

    54 + 2 = _____

    54 + 3 = _____

    54 _____

    _____

b) 68 – 1 = _____

    68 – 2 = _____

    68 – 3 = _____

    68 _____

    _____

c) 47 – 7 = _____

    47 – 6 = _____

    47 – 5 = _____

    47 _____

    _____

Auf und ab in der
Hundertertafel.
Ich kenn mich aus.

4 **Rechne. Trage die Ergebnisse**
auch in die Hundertertafel ein.

1	2	3	4	5	6	7	8	9	10
									20
									30
			35				38		40
41									50
		53							60
		63							70
					76				80
		84							90
									100

$53 + 10 =$ ___63___

$53 - 10 =$ _____

$41 + 10 =$ _____

$41 - 10 =$ _____

$35 + 20 =$ _____

$35 - 20 =$ _____

$84 + 10 =$ _____

$84 - 10 =$ _____

$38 + 20 =$ _____

$38 - 20 =$ _____

$76 + 20 =$ _____

$76 - 20 =$ _____

5 **Setze die Reihen fort.**

$35 + 10 =$ _____

$35 + 20 =$ _____

$35 + 30 =$ _____

$35 + 40 =$ _____

_____

_____

$76 - 10 =$ _____

$76 - 20 =$ _____

$76 - 30 =$ _____

$76 - 40 =$ _____

_____

_____

$59 + 10 =$ _____

$59 - 10 =$ _____

$59 + 20 =$ _____

$59 - 20 =$ _____

_____

_____

1 **Färbe und rechne.**

a)

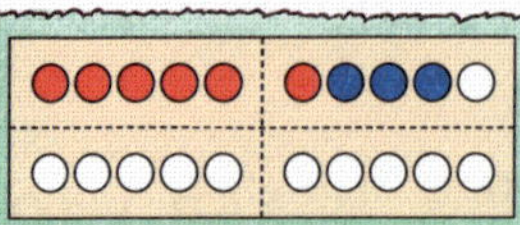

6 + 3 = _____

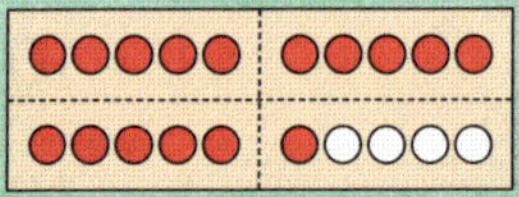

16 + 3 = _____

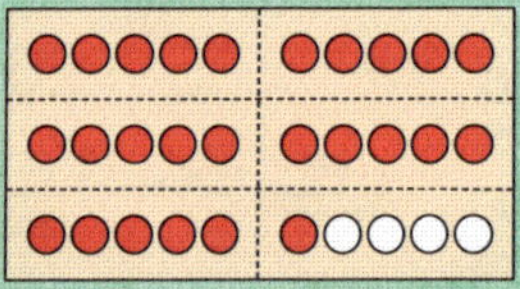

26 + 3 = _____

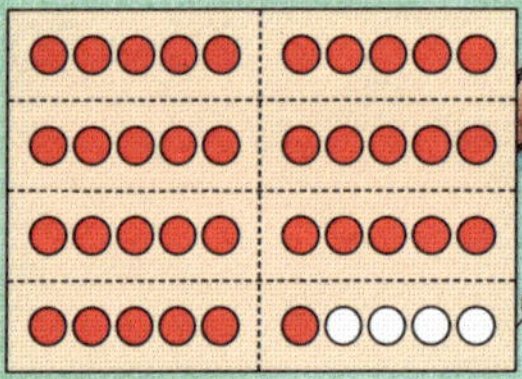

36 + 3 = _____

46 + 3 = _____

56 + 3 = _____

66 + 3 = _____

76 + 3 = _____

b)

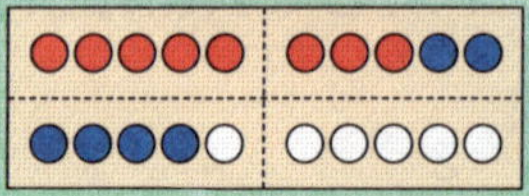

8 + 6 = _____

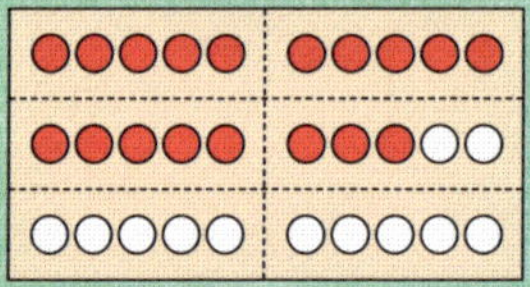

18 + 6 = _____

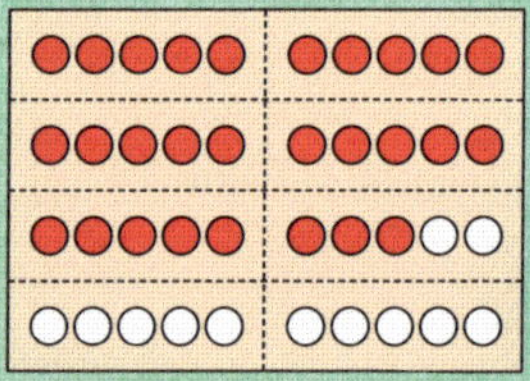

28 + 6 = _____

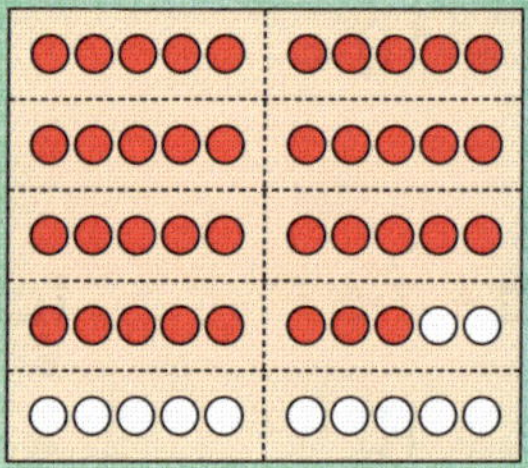

38 + 6 = _____

48 + 6 = _____

58 + 6 = _____

68 + 6 = _____

78 + 6 = _____

② **Streiche weg und rechne.**

a)

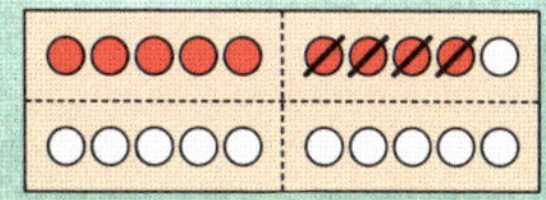

9 – 4 = _____

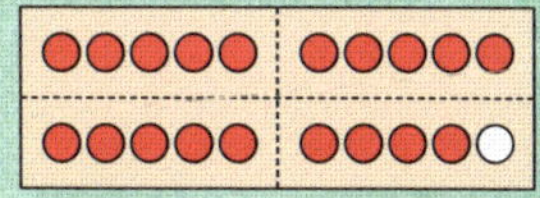

19 – 4 = _____

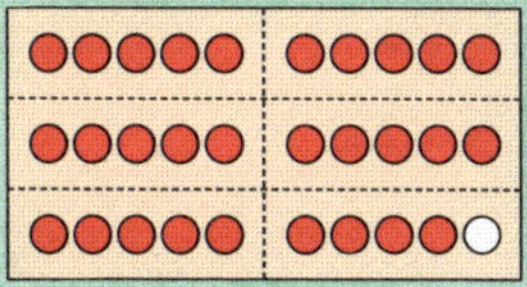

29 – 4 = _____

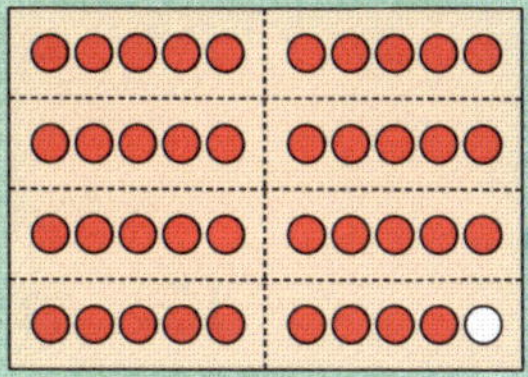

39 – 4 = _____

49 – 4 = _____

59 – 4 = _____

69 – 4 = _____

79 – 4 = _____

b)

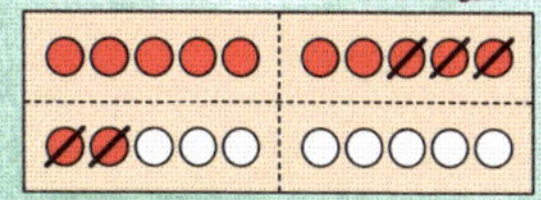

12 – 5 = _____

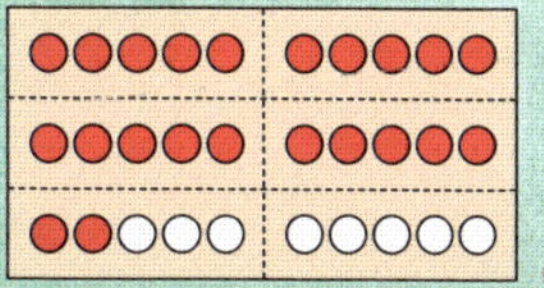

22 – 5 = _____

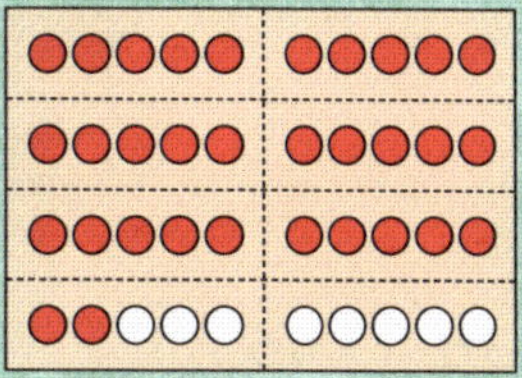

32 – 5 = _____

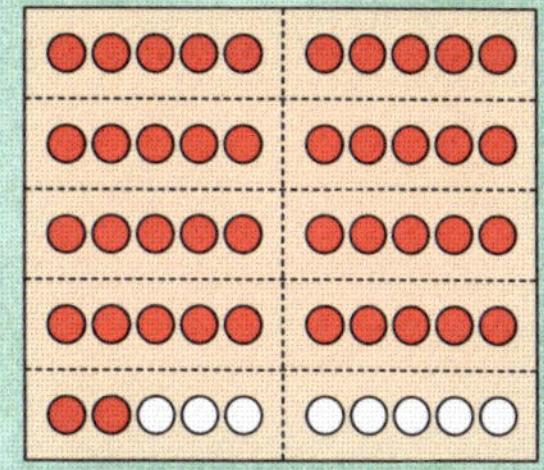

42 – 5 = _____

52 – 5 = _____

62 – 5 = _____

72 – 5 = _____

82 – 5 = _____

①

+	6	16	36
22	28		
31			
43			
54			

+	21	22	23
3			
13			
23			
33			

22 plus 13 ist gleich 35.

②

35
22 13

35
22 | 13 | 32

55
11 | 23 | 32

21 | 32 | 14

36 | 24 | 16

15 | 15 | 24

3

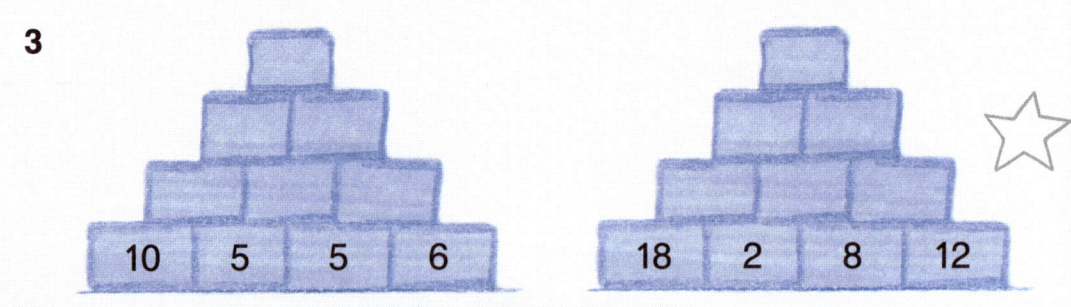

10 | 5 | 5 | 6

18 | 2 | 8 | 12

4

−	4	24	34
98	94		
86			
77			
69			

−	33	34	35
99			
89			
79			
69			

89 minus 44
ist gleich 45.

5

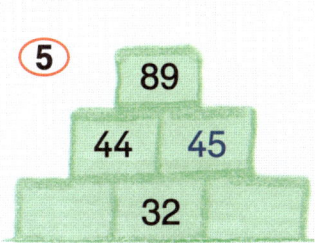

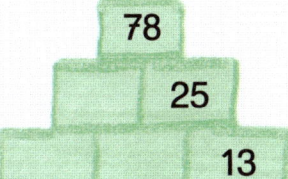

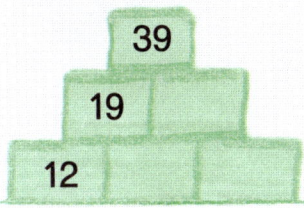
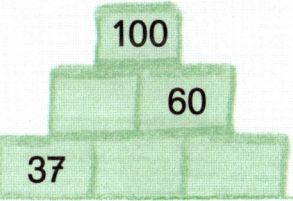
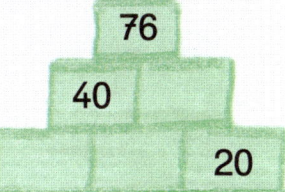

6

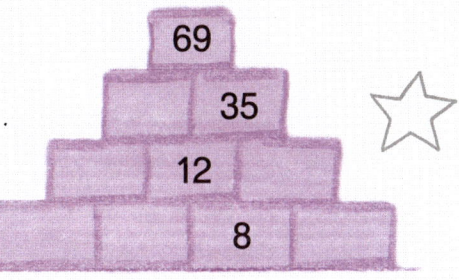

Die kleine Aufgabe hilft bei der ganzen Reihe!

① Setze die Reihen fort.

a) 3 + 4 = ____

13 + 4 = ____

23 + 4 = ____

33 + 4 = ____

43 + _____

53 _____

_____

_____

_____

b) 7 + 6 = ____

17 + 6 = ____

27 + 6 = ____

37 + 6 = ____

47 + _____

57 _____

_____

_____

_____

c) 9 + 5 = ____

19 + 5 = ____

29 + 5 = ____

39 + 5 = ____

49 + _____

59 _____

_____

_____

_____

Wieder hilft die kleine Aufgabe!

② Rechne auch hier weiter.

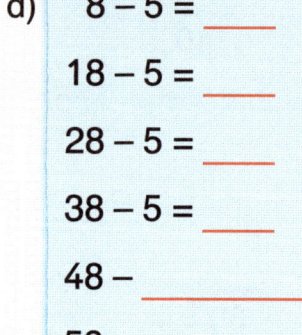

a) 8 – 5 = ____

18 – 5 = ____

28 – 5 = ____

38 – 5 = ____

48 – _____

58 _____

_____

_____

_____

b) 11 – 3 = ____

21 – 3 = ____

31 – 3 = ____

41 – 3 = ____

51 – _____

61 _____

_____

_____

_____

c) 15 – 8 = ____

25 – 8 = ____

35 – 8 = ____

45 – 8 = ____

55 – _____

65 _____

_____

_____

_____

3 **Welche Stelle ändert sich?**
Kennzeichne sie mit einem Punkt. Rechne.

Wenn ich die 2 Zehner dazugebe, dann ändert sich die Z-Stelle.

Wenn ich die 2 Einer dazugebe, dann ändert sich die E-Stelle.

37 + 20 = 57
37 + 2 = 39
37 + 22 =

…und wenn ich Z und E dazugebe, …

a) 23 + 40 = _63_   45 + 3 = ___   61 + 22 = ___

23 + 4 = _27_   45 + 30 = ___   61 + 20 = ___

23 + 44 = ___   45 + 33 = ___   61 + 2 = ___

57 + 11 = ___   72 + 20 = ___   34 + 5 = ___

57 + 10 = ___   72 + 2 = ___   34 + 55 = ___

57 + 1 = ___   72 + 22 = ___   34 + 50 = ___

b) 86 – 60 = ___   99 – 7 = ___   48 – 33 = ___

86 – 66 = ___   99 – 70 = ___   48 – 3 = ___

86 – 6 = ___   99 – 77 = ___   48 – 30 = ___

67 – 5 = ___   55 – 40 = ___   36 – 22 = ___

67 – 50 = ___   55 – 4 = ___   36 – 20 = ___

67 – 55 = ___   55 – 44 = ___   36 – 2 = ___

① Wie rechnest du?   45 + 37 = ____

So?	Oder so?	Oder so?
40 + 30 = 70	45 + 30 = 75	45 + 7 = 52
5 + 7 = 12	75 + 7 = ____	52 + 30 = ____
70 + 12 = ____		

② Rechne auf deinem Weg.

28 + 34 = ____   33 + 59 = ____

67 + 26 = ____   74 + 18 = ____

35 + 29 = ____   59 + 37 = ____

47 + 45 = ____   58 + 24 = ____

Lösungen Mathe-Stars 2 Grundwissen

(zum Heraustrennen die mittlere Klammer lösen)

Plus und minus bis 10

①

5 + 1 = 6	4 + 5 = 9	6 + 2 = 8
7 + 2 = 9	3 + 4 = 7	7 + 3 = 10
6 + 3 = 9	2 + 1 = 3	8 + 1 = 9

②

5 − 2 = 3	9 − 6 = 3	10 − 2 = 8
6 − 3 = 3	7 − 4 = 3	10 − 5 = 5
9 − 2 = 7	8 − 5 = 3	10 − 7 = 3

③ Vorwärts und rückwärts

a) 4, 5, 6, 7, 8, 9   b) 5, 4, 3, 2, 1, 0

0, 2, 4, 6, 8, 10   10, 8, 6, 4, 2, 0

④ Verbinde.

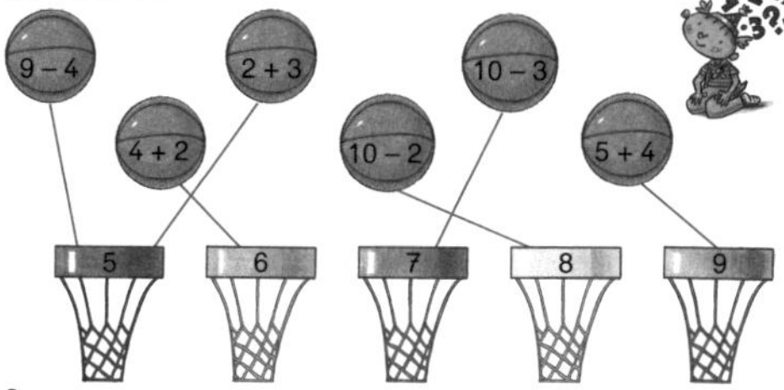

9 − 4   2 + 3   10 − 3

4 + 2   10 − 2   5 + 4

5   6   7   8   9

2

---

⑤ B

7		8		9		10	
3	4	5	3	7	2	5	5
1	6	6	2	3	6	8	2
5	2	4	4	5	4	7	3
7	0	1	7	8	1	6	4

1 plus 2 ist gleich 3.

3
2   4

⑥

	9				7				7	
	3	6			4	3			3	4
1	2	4		3	1	2		2	1	3

⑦

	10				10				10	
	7	3			6	4			5	5
5	2	1		3	3	1		3	2	3

	10				10				10	
	2	8			4	6			3	7
1	1	7		2	2	4		0	3	4

3

Verwandte Aufgaben ⊕

① Zeichne und rechne.

5 + 3 = 8	4 + 2 = 6	6 + 4 = 10
15 + 3 = 18	14 + 2 = 16	16 + 4 = 20
3 + 6 = 9	1 + 8 = 9	2 + 5 = 7
13 + 6 = 19	11 + 8 = 19	12 + 5 = 17

② Rechne.

5 + 4 = 9	6 + 2 = 8	3 + 4 = 7
15 + 4 = 19	16 + 2 = 18	13 + 4 = 17

4 + 5 = 9	7 + 3 = 10	8 + 2 = 10
14 + 5 = 19	17 + 3 = 20	18 + 2 = 20

4

Verwandte Aufgaben ⊖

① Zeichne und rechne.

7 − 5 = 2	8 − 3 = 5	6 − 6 = 0
17 − 5 = 12	18 − 3 = 15	16 − 6 = 10
9 − 6 = 3	8 − 5 = 3	7 − 4 = 3
19 − 6 = 13	18 − 5 = 13	17 − 4 = 13

② Rechne.

6 − 3 = 3	5 − 2 = 3	4 − 3 = 1
16 − 3 = 13	15 − 2 = 13	14 − 3 = 11

9 − 5 = 4	8 − 4 = 4	7 − 6 = 1
19 − 5 = 14	18 − 4 = 14	17 − 6 = 11

5

Plus und minus bis 20 (1)

① Zeichne und rechne.

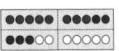 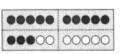

$8 + 5 = 13$ $7 + 6 = 13$ $5 + 9 = 14$
$8 + 2 + 3 = 13$ $7 + 3 + 3 = 13$ $5 + 5 + 4 = 14$

② Bis zur 10 und dann weiter

 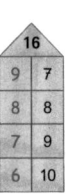 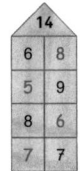

$4 + 8 = 12$ $9 + 3 = 12$ $7 + 7 = 14$
$4 + 6 + 2 = 12$ $9 + 1 + 2 = 12$ $7 + 3 + 4 = 14$

$6 + 5 = 11$ $8 + 7 = 15$ $2 + 9 = 11$
$6 + 4 + 1 = 11$ $8 + 2 + 5 = 15$ $2 + 8 + 1 = 11$

$7 + 6 = 13$ $5 + 9 = 14$ $8 + 8 = 16$
$7 + 3 + 3 = 13$ $5 + 5 + 4 = 14$ $8 + 2 + 6 = 16$

③ B

13		16		14	
5	8	9	7	6	8
9	4	8	8	5	9
8	5	7	9	8	6
6	7	6	10	7	7

④ Streiche weg und rechne.

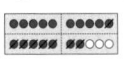 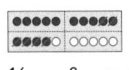 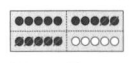

$17 - 8 = 9$ $14 - 6 = 8$ $15 - 7 = 8$
$17 - 7 - 1 = 9$ $14 - 4 - 2 = 8$ $15 - 5 - 2 = 8$

⑤ Rechne.

$18 - 9 = 9$ $11 - 6 = 5$ $13 - 4 = 9$
$18 - 8 - 1 = 9$ $11 - 1 - 5 = 5$ $13 - 3 - 1 = 9$

$12 - 6 = 6$ $15 - 8 = 7$ $16 - 7 = 9$
$12 - 2 - 4 = 6$ $15 - 5 - 3 = 7$ $16 - 6 - 1 = 9$

$17 - 9 = 8$ $14 - 9 = 5$ $13 - 6 = 7$
$17 - 7 - 2 = 8$ $14 - 4 - 5 = 5$ $13 - 3 - 3 = 7$

⑥ Rechne und ergänze die letzte Aufgabe.

$17 - 10 = 7$	$18 - 10 = 8$	$20 - 10 = 10$
$17 - 11 = 6$	$18 - 11 = 7$	$20 - 11 = 9$
$17 - 12 = 5$	$18 - 12 = 6$	$20 - 12 = 8$
$17 - 13 = 4$	$18 - 13 = 5$	$20 - 13 = 7$
$17 - 14 = 3$	$18 - 14 = 4$	$20 - 14 = 6$

Plus und minus bis 20 (2)

① Rechne.

a)
$5 + 8 = 13$
$12 + 6 = 18$
$9 + 7 = 16$
$7 + 8 = 15$
$6 + 9 = 15$
$11 + 5 = 16$
$13 + 4 = 17$

b)
$17 - 8 = 9$
$11 - 5 = 6$
$12 - 6 = 6$
$20 - 12 = 8$
$19 - 13 = 6$
$17 - 14 = 3$
$13 - 8 = 5$

c)
$20 - 13 = 7$
$11 + 9 = 20$
$17 - 8 = 9$
$5 + 12 = 17$
$20 - 16 = 4$
$0 + 18 = 18$
$20 - 0 = 20$

②

+	3	4	5
5	8	9	10
15	18	19	20

−	2	4	5
6	4	2	1
16	14	12	11

③ Rechenmauern bis 20

	17	
9	8	
4	5	3

	20	
9	11	
2	7	4

	17	
5	12	
2	3	9

	14	
9	5	
6	3	2

	17	
12	5	
8	4	1

	20	
10	10	
6	4	6

④

Zahl	4	2	5	7	8	6	9
Das Doppelte	8	4	10	14	16	12	18

Zahl	18	12	8	10	14	16	20
Die Hälfte	9	6	4	5	7	8	10

⑤ Rechendreiecke

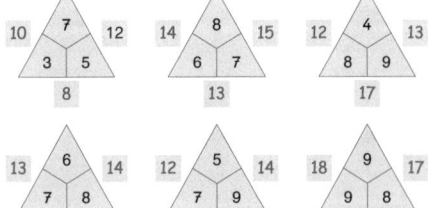

10 7 12
  3 5
    8

14 8 15
  6 7
   13

12 4 13
  8 9
   17

13 6 14
  7 8
   15

12 5 14
  7 9
   16

18 9 17
  9 8
   17

⭐ Kleine Knobelei

 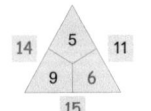 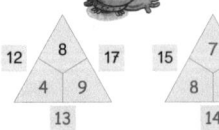

14 5 11
  9 6
   15

12 8 17
  4 9
   13

15 7 13
  8 6
   14

Färbe das passende Auto in der richtigen Farbe.

① Welches Auto parkt über 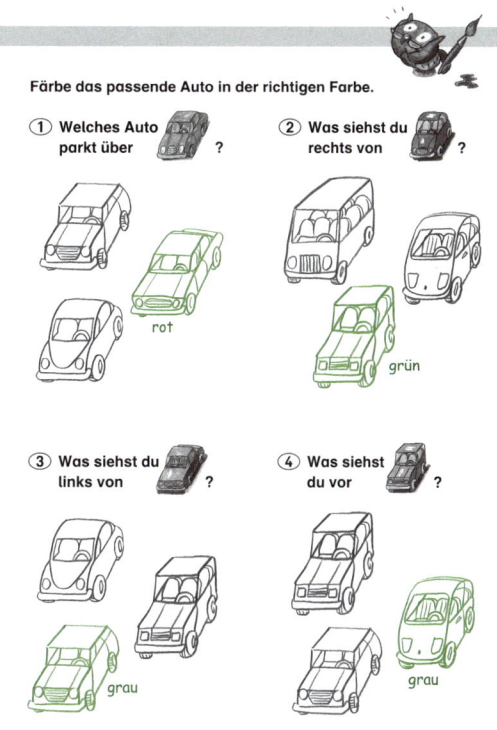 ?

② Was siehst du rechts von ?

rot

grün

③ Was siehst du links von ?

④ Was siehst du vor ?

grau

grau

10

11

① Wie viele Zehner sind es?

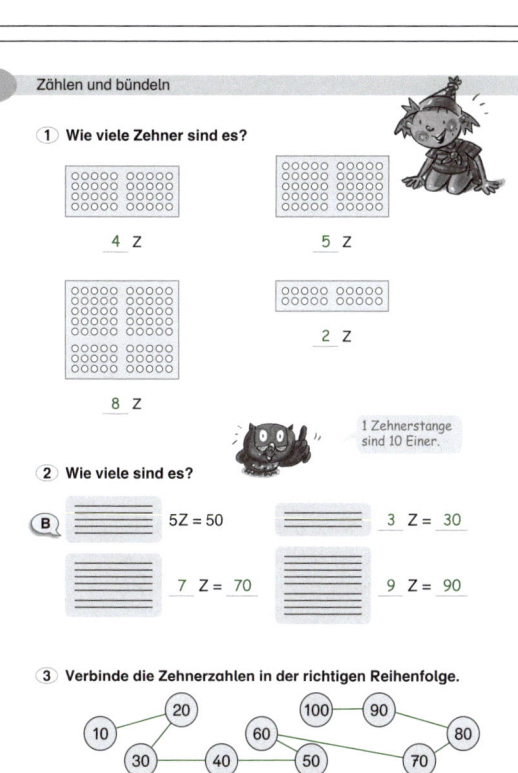

4 Z

5 Z

8 Z

2 Z

1 Zehnerstange sind 10 Einer.

② Wie viele sind es?

Ⓑ 5Z = 50

3 Z = 30

7 Z = 70

9 Z = 90

③ Verbinde die Zehnerzahlen in der richtigen Reihenfolge.

10 — 20 — 30 — 40 — 50 — 60 — 70 — 80 — 90 — 100

④ Wie viele Zehner und Einer sind es?

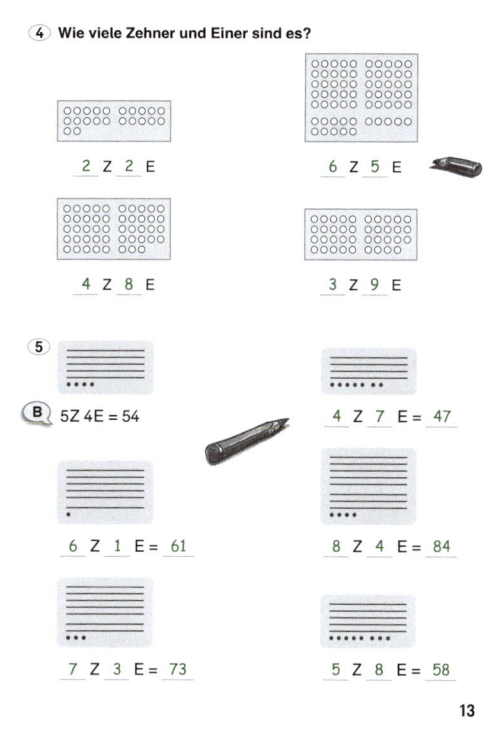

2 Z 2 E

6 Z 5 E

4 Z 8 E

3 Z 9 E

⑤

Ⓑ 5Z 4E = 54

4 Z 7 E = 47

6 Z 1 E = 61

8 Z 4 E = 84

7 Z 3 E = 73

5 Z 8 E = 58

12

13

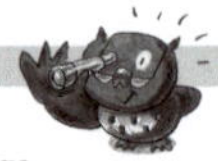

Zahlen

1 Verbinde die Zahlen in der richtigen Reihenfolge.

a) von 1 bis 33   **B**   b) von 50 bis 87   **B**

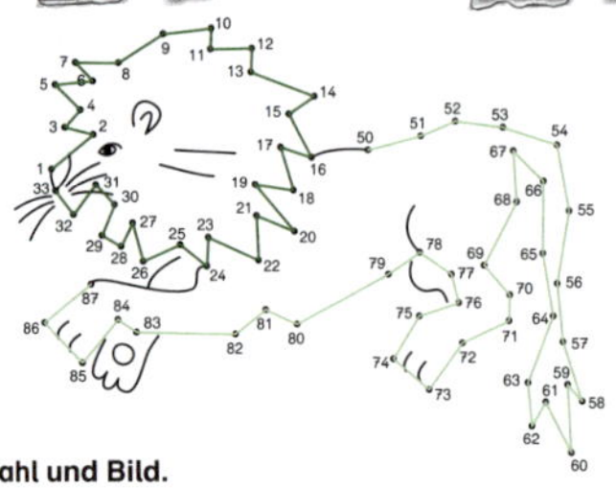

2 Verbinde Zahl und Bild.

a) 52   44   13   32   28

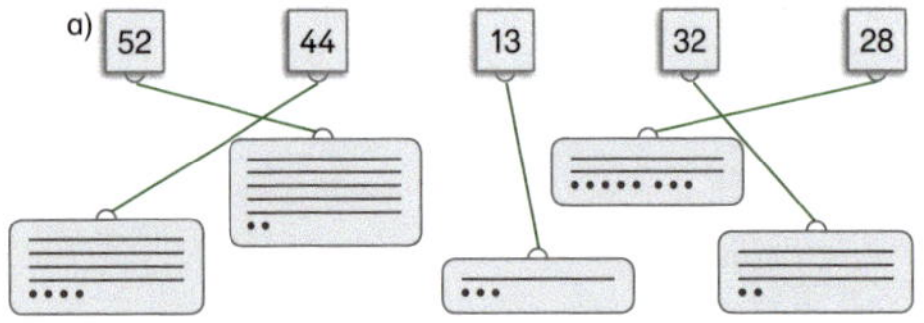

b) 54   45   63   36

14

Im Hunderterfeld

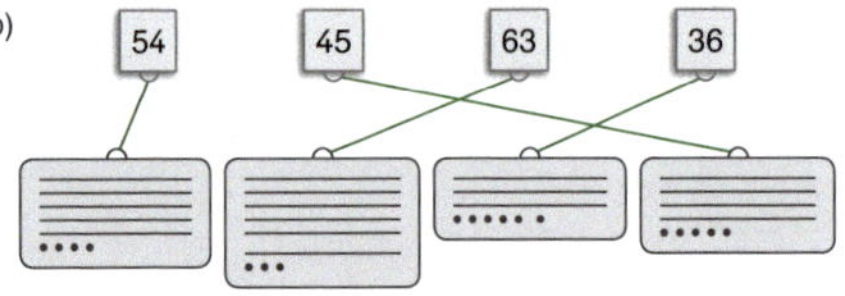

1 Welche Zahlen sind dargestellt?

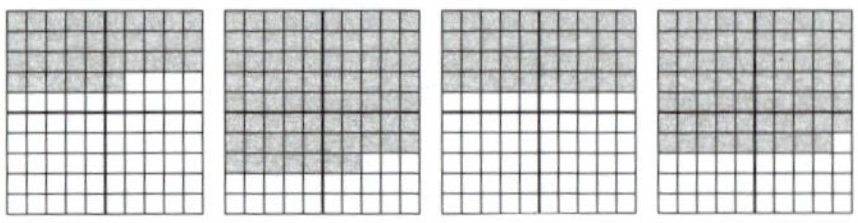

B   36   77   40   69

2 Färbe.

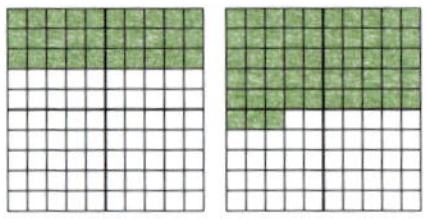

30   53

3 Meine Zahl hat …

… 6 Z und 5 E.   … 4 Z und 8 E.

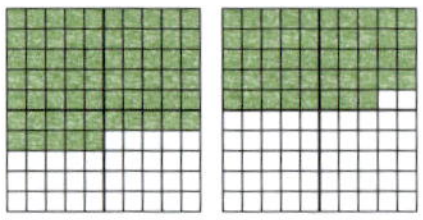

65   48

4 Pass gut auf!

4 Z und 1 E   4 E und 1 Z   5 E und 3 Z   3 Z und 5 E

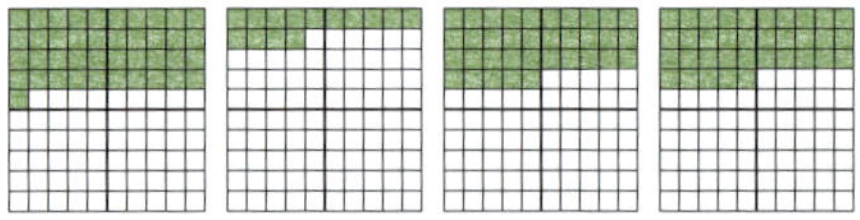

41   14   35   35

15

Zahlen bis 100

1 Trage alle fehlenden Zahlen ein.

1	2	3	4	5	6	7	(8)	9	10
11	12	13	14	15	16	17	(18)	19	20
21	22	23	24	25	26	27	(28)	29	30
31	32	33	34	35	36	37	(38)	39	40
41	42	43	44	45	46	47	(48)	49	50
51	52	53	54	55	56	57	(58)	59	60
61	62	63	64	65	66	67	(68)	69	70
71	72	73	74	75	76	77	(78)	79	80
81	82	83	84	85	86	87	(88)	89	90
91	92	93	94	95	96	97	(98)	99	100

2 Färbe:

• Zehnerzahlen gelb

• Zahlen mit 8 Einern rot

■ gelb, ○ rot

3 Ergänze die Sätze.

Setze ein:

die Einer   die Zehner   am Ende der Zeile   untereinander

a) In der Hundertertafel stehen

• alle Zahlen mit 8 Einern untereinander .

• alle Zehnerzahlen am Ende der Zeile .

b) Wenn du in der Tabelle nach rechts oder links wanderst,

verändern sich die Einer .

c) Wenn du in der Tabelle nach oben oder unten wanderst,

verändern sich die Zehner .

16

---

4 Ergänze die Ausschnitte aus der Hundertertafel.

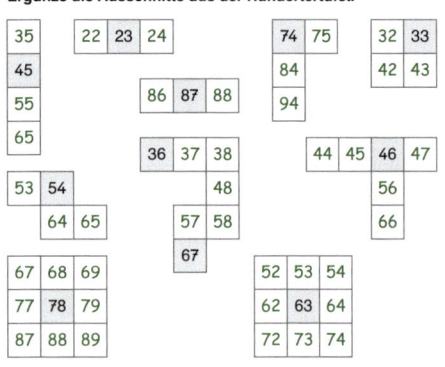

5 Rechenrätsel: Wie heißt die Zahl aus der Hundertertafel?

a) Meine Zahl steht in der letzten Zeile

und eine Ziffer ist die 2: 92

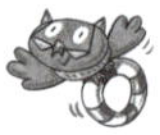

b) Meine Zahl besteht aus einer 4 und

einer 6: 46 oder 64

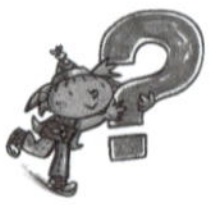

c) Meine Zahl steht zwischen 50 und 60

und hat zwei gleiche Ziffern: 55

d) Meine Zahl ist die größte Zahl auf der Tafel: 100

17

Zahlenstrahl

Die Aufgaben gehen rechts weiter.

① Trage alle Zehnerzahlen ein.

0 10 20 30 40 50

60 70 80 90 100

② Trage alle Zahlen mit 5 Einern ein.

0 5 10 15 20 25 30 35 40 45 50

55 60 65 70 75 80 85 90 95 100

③ Zähle in 5er-Schritten vorwärts …

a) 5, 10, _15_ , _20_ , _25_ , _30_ , _35_ , _40_ , 45
c) 30, 35, _40_ , _45_ , _50_ , _55_ , _60_ , _65_ , 70
e) 60, 65, _70_ , _75_ , _80_ , _85_ , _90_ , _95_ , 100

… und rückwärts

b) 65, 60, _55_ , _50_ , _45_ , _40_ , _35_ , _30_ , 25
d) 40, 35, _30_ , _25_ , _20_ , _15_ , _10_ , _5_ , 0
f) 85, 80, _75_ , _70_ , _65_ , _60_ , _55_ , _50_ , 45

④ Verbinde.

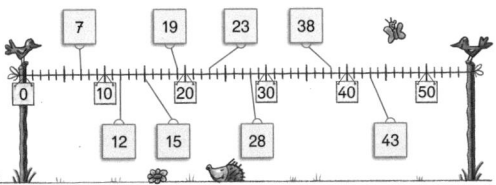

7   19   23   38
0   10   20   30   40   50
12   15   28   43

⑤ Wie heißen die Zahlen?

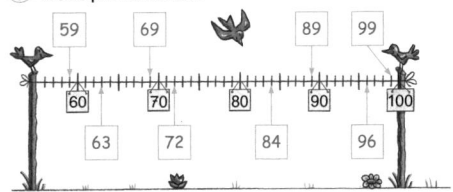

59   69   89   99
60   70   80   90   100
63   72   84   96

18

19

Nachbarzahlen

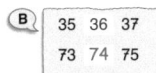

① Ordne die Zahlen der Größe nach.

| 65 | 61 | 69 |
| 63 | 67 | |

| 17 | 47 | 77 |
| | 57 | 27 |

B 61 63 65 67 69

17 27 47 57 77

| 46 | 94 | 100 |
| 35 | 87 | |

| 49 | 91 | 78 |
| | 15 | 62 |

35 46 87 94 100

15 49 62 78 91

② Nachbarzahlen
Welche Zahl steht dazwischen?

B

35	36	37
73	74	75
94	95	96

45	46	47
67	68	69
13	14	15

23	24	25
56	57	58
98	99	100

③ Welche Zahl steht davor und welche dahinter?

B

Vorgänger	Zahl	Nachfolger
45	46	47
32	33	34
28	29	30
15	16	17

Vorgänger	Zahl	Nachfolger
66	67	68
55	56	57
77	78	79
96	97	98

④ Nachbarzehner
Zwischen welchen Zehnern stehen die Zahlen?

B

60	**64**	70
70	**73**	80
40	**49**	50
10	**16**	20

90	**92**	100
60	**68**	70
30	**35**	40
80	**88**	90

50	**51**	60
30	**34**	40
20	**28**	30
90	**96**	100

⑤ Rechne bis zum Nachbarzehner.

| 64 + _6_ = 70 |
| 64 − _4_ = 60 |

| 83 + _7_ = 90 |
| 83 − _3_ = 80 |

| 47 + _3_ = 50 |
| 47 − _7_ = 40 |

| 78 + _2_ = 80 |
| 78 − _8_ = 70 |

| 52 + _8_ = 60 |
| 52 − _2_ = 50 |

| 31 + _9_ = 40 |
| 31 − _1_ = 30 |

⑥ Vergleiche: < = >

26 < 79   82 > 51   74 = 74
65 > 17   99 < 100   70 < 90
80 < 81   67 > 58   11 = 11
53 = 53   34 < 57   48 < 60

20

21

① **Vier Kinder spielen zusammen. Wer sieht was?**
   Schreibe die Namen unter die Ansichten.

Andreas

Tim   Sarah

Laura

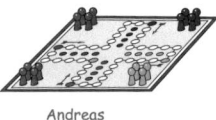

Andreas

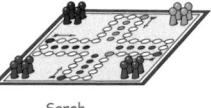

Sarah

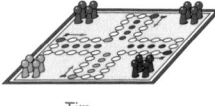

Tim

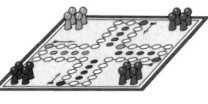

Laura

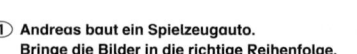

① **Andreas baut ein Spielzeugauto.**
   Bringe die Bilder in die richtige Reihenfolge.

5 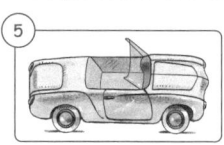   8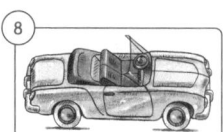

1 □   4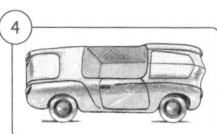

6 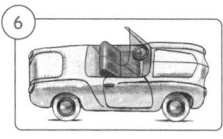   3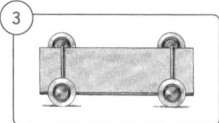

2 □   7

Rechnen bis 100 (1)

① **Rechnen mit Zehnerzahlen**

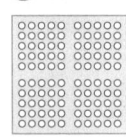

a) 30 + 40 = __70__   b) 100 − 50 = __50__
   20 + 70 = __90__   100 − 20 = __80__
   50 + 10 = __60__   100 − 40 = __60__
   80 + 20 = __100__   80 − 30 = __50__

c) 50 + __50__ = 100   d) 100 − __70__ = 30
   90 + __10__ = 100   100 − __10__ = 90
   20 + __80__ = 100   100 − __40__ = 60
   60 + __40__ = 100   100 − __20__ = 80

② **Zehner und Einer**

a) 40 + 3 = __43__   b) 90 + 9 = __99__   c) 34 − __4__ = 30
   40 + 7 = __47__   90 + 5 = __95__   46 − __6__ = 40
   60 + 2 = __62__   30 + 6 = __36__   99 − __9__ = 90
   60 + 1 = __61__   30 + 2 = __32__   68 − __8__ = 60

③ **Rechne weiter.**

a) 54 + 1 = __55__   b) 68 − 1 = __67__   c) 47 − 7 = __40__
   54 + 2 = __56__   68 − 2 = __66__   47 − 6 = __41__
   54 + 3 = __57__   68 − 3 = __65__   47 − 5 = __42__
   54 + 4 = __58__   68 − 4 = __64__   47 − 4 = __43__
   54 + 5 = __59__   68 − 5 = __63__   47 − 3 = __44__

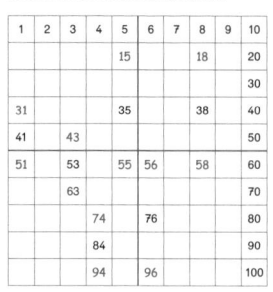

Auf und ab in der
Hundertertafel.
Ich kenn mich aus.

④ **Rechne. Trage die Ergebnisse**
   auch in die Hundertertafel ein.

1	2	3	4	5	6	7	8	9	10
				15			18		20
									30
31			35			38			40
41		43							50
51		53		55	56		58		60
		63							70
		74		76					80
		84							90
		94		96					100

53 + 10 = __63__
53 − 10 = __43__

41 + 10 = __51__
41 − 10 = __31__

35 + 20 = __55__
35 − 20 = __15__

84 + 10 = __94__   38 + 20 = __58__   76 + 20 = __96__
84 − 10 = __74__   38 − 20 = __18__   76 − 20 = __56__

⑤ **Setze die Reihen fort.**

35 + 10 = __45__	76 − 10 = __66__	59 + 10 = __69__
35 + 20 = __55__	76 − 20 = __56__	59 − 10 = __49__
35 + 30 = __65__	76 − 30 = __46__	59 + 20 = __79__
35 + 40 = __75__	76 − 40 = __36__	59 − 20 = __39__
35 + 50 = __85__	76 − 50 = __26__	59 + 30 = __89__
35 + 60 = __95__	76 − 60 = __16__	59 − 30 = __29__

Rechnen bis 100 (2)

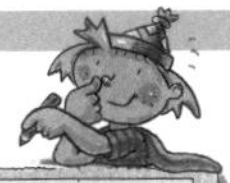

① **Färbe und rechne.**

a)

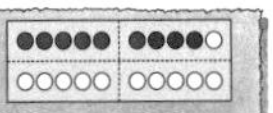

6 + 3 = 9

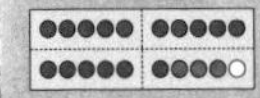

16 + 3 = 19

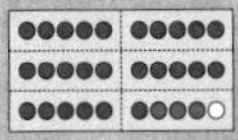

26 + 3 = 29

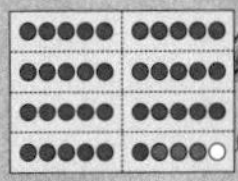

36 + 3 = 39

46 + 3 = 49

56 + 3 = 59

66 + 3 = 69

76 + 3 = 79

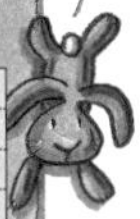

b)

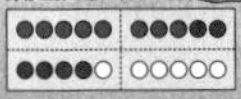

8 + 6 = 14

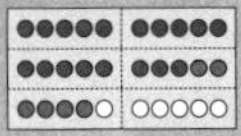

18 + 6 = 24

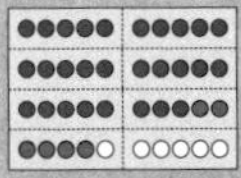

28 + 6 = 34

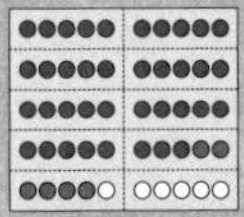

38 + 6 = 44

48 + 6 = 54

58 + 6 = 64

68 + 6 = 74

78 + 6 = 84

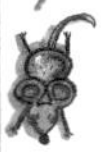

② **Streiche weg und rechne.**

a)

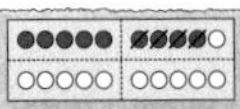

9 − 4 = 5

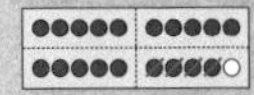

19 − 4 = 15

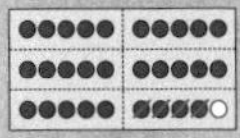

29 − 4 = 25

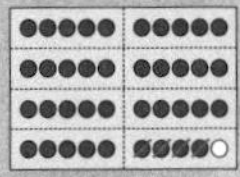

39 − 4 = 35

49 − 4 = 45

59 − 4 = 55

69 − 4 = 65

79 − 4 = 75

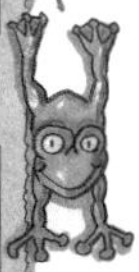

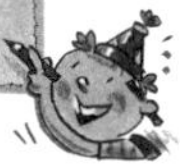

b)

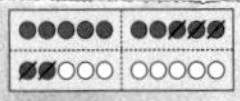

12 − 5 = 7

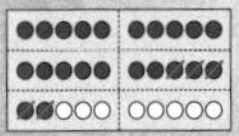

22 − 5 = 17

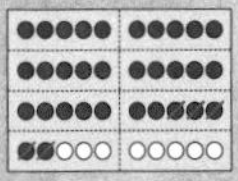

32 − 5 = 27

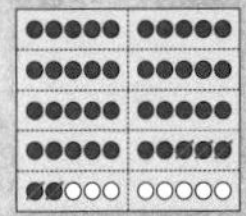

42 − 5 = 37

52 − 5 = 47

62 − 5 = 57

72 − 5 = 67

82 − 5 = 77

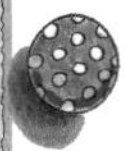

Rechnen bis 100 (3)

①

+	6	16	36
22	28	38	58
31	37	47	67
43	49	59	79
54	60	70	90

+	21	22	23
3	24	25	26
13	34	35	36
23	44	45	46
33	54	55	56

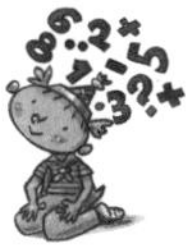

②

80
35 45
22 13 32

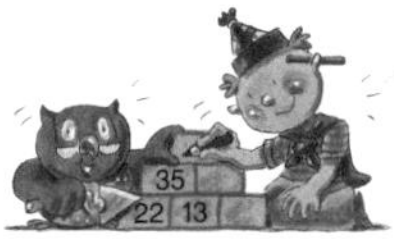
22 plus 13
ist gleich 35.
35
22 13

89
34 55
11 23 32

99
53 46
21 32 14

100
60 40
36 24 16

69
30 39
15 15 24

③

46
25 21
15 10 11
10 5 5 6

60
30 30
20 10 20
18 2 8 12

④

−	4	24	34
98	94	74	64
86	82	62	52
77	73	53	43
69	65	45	35

−	33	34	35
99	66	65	64
89	56	55	54
79	46	45	44
69	36	35	34

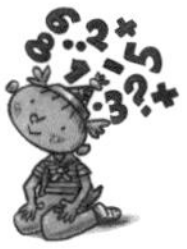

⑤

89
44 45
12 32 13

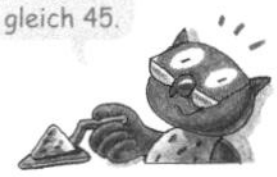
89 minus 44
ist gleich 45.

78
53 25
41 12 13

39
19 20
12 7 13

100
40 60
37 3 57

76
40 36
24 16 20

⑥

45
23 22
11 12 10
4 7 5 5

69
34 35
22 12 23
18 4 8 15

Rechnen bis 100 (4)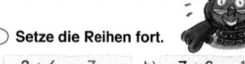

Die kleine Aufgabe hilft bei der ganzen Reihe!

① Setze die Reihen fort.

a)
3 + 4 = 7
13 + 4 = 17
23 + 4 = 27
33 + 4 = 37
43 + 4 = 47
53 + 4 = 57
63 + 4 = 67
73 + 4 = 77
83 + 4 = 87

b)
7 + 6 = 13
17 + 6 = 23
27 + 6 = 33
37 + 6 = 43
47 + 6 = 53
57 + 6 = 63
67 + 6 = 73
77 + 6 = 83
87 + 6 = 93

c)
9 + 5 = 14
19 + 5 = 24
29 + 5 = 34
39 + 5 = 44
49 + 5 = 54
59 + 5 = 64
69 + 5 = 74
79 + 5 = 84
89 + 5 = 94

Wieder hilft die kleine Aufgabe!

② Rechne auch hier weiter.

a)
8 − 5 = 3
18 − 5 = 13
28 − 5 = 23
38 − 5 = 33
48 − 5 = 43
58 − 5 = 53
68 − 5 = 63
78 − 5 = 73
88 − 5 = 83

b)
11 − 3 = 8
21 − 3 = 18
31 − 3 = 28
41 − 3 = 38
51 − 3 = 48
61 − 3 = 58
71 − 3 = 68
81 − 3 = 78
91 − 3 = 88

c)
15 − 8 = 7
25 − 8 = 17
35 − 8 = 27
45 − 8 = 37
55 − 8 = 47
65 − 8 = 57
75 − 8 = 67
85 − 8 = 77
95 − 8 = 87

③ Welche Stelle ändert sich? Kennzeichne sie mit einem Punkt. Rechne.

Wenn ich die 2 Zehner dazugebe, dann ändert sich die Z-Stelle.

Wenn ich die 2 Einer dazugebe, dann ändert sich die E-Stelle.

37 + 20 = 57
37 + 2 = 39
37 + 22 =

...und wenn ich Z und E dazugebe, ...

a)
23 + 40 = 63
23 + 4 = 27
23 + 44 = 67

57 + 11 = 68
57 + 10 = 67
57 + 1 = 58

45 + 3 = 48
45 + 30 = 75
45 + 33 = 78

72 + 20 = 92
72 + 2 = 74
72 + 22 = 94

61 + 22 = 83
61 + 20 = 81
61 + 2 = 63

34 + 5 = 39
34 + 55 = 89
34 + 50 = 84

b)
86 − 60 = 26
86 − 66 = 20
86 − 6 = 80

67 − 5 = 62
67 − 50 = 17
67 − 55 = 12

99 − 7 = 92
99 − 70 = 29
99 − 77 = 22

55 − 40 = 15
55 − 4 = 51
55 − 44 = 11

48 − 33 = 15
48 − 3 = 45
48 − 30 = 18

36 − 22 = 14
36 − 20 = 16
36 − 2 = 34

Rechenwege ⊕

① Wie rechnest du? 45 + 37 = 82

So?	Oder so?	Oder so?
40 + 30 = 70	45 + 30 = 75	45 + 7 = 52
5 + 7 = 12	75 + 7 = 82	52 + 30 = 82
70 + 12 = 82		

② Rechne auf deinem Weg.

28 + 34 = 62

33 + 59 = 92

67 + 26 = 93

74 + 18 = 92

35 + 29 = 64

59 + 37 = 96

47 + 45 = 92

58 + 24 = 82

Schnell und sicher!

③ Mit dem Rechenstrich geht es schneller.

37 + 25 = 62

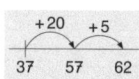
+20 +5
37 57 62

Löse die Aufgabe zuerst am Rechenstrich, trage dann das Ergebnis in die Rechnung ein.

a) 53 + 28 = 81
+20 +8
53 73 81

b) 19 + 44 = 63
+40 +4
19 59 63

c) 75 + 17 = 92
+10 +7
75 85 92

d) 47 + 36 = 83
+30 +6
47 77 83

e) 24 + 29 = 53
+20 +9
24 44 53

f) 66 + 18 = 84
+10 +8
66 76 84

④ Kleine Knobelei: Ergänze.

a) 56 + 28 = 84
+20 +8
56 76 84

b) 45 + 46 = 91
+40 +6
45 85 91

① Wie rechnest du? $73 - 28 = 45$

So?	Oder so?	Oder so?
$73 - 20 = 53$	$73 - 8 = 65$	$73 - 30 = 43$
$53 - 8 = 45$	$65 - 20 = 45$	$43 + 2 = 45$

Ich rechne so!

② Rechne auf deinem Weg.

$42 - 17 = 25$ $65 - 36 = 29$

$51 - 26 = 25$ $34 - 18 = 16$

$96 - 29 = 67$ $85 - 57 = 28$

$43 - 25 = 18$ $100 - 88 = 12$

③ Minusaufgaben mit dem Rechenstrich lösen.

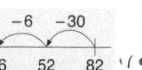

Bei Minus fängst du rechts an und rechnest zurück.

$82 - 36 = 46$

```
        -6    -30
      46    52    82
```

Löse die Aufgabe zuerst am Rechenstrich, trage dann das Ergebnis in die Rechnung ein.

a) $93 - 28 = 65$
```
      -8    -20
    65    73    93
```

b) $71 - 54 = 17$
```
      -4    -50
    17    21    71
```

c) $84 - 67 = 17$
```
      -7    -60
    17    24    84
```

d) $57 - 39 = 18$
```
      -9    -30
    18    27    57
```

e) $42 - 16 = 26$
```
      -6    -10
    26    32    42
```

f) $66 - 48 = 18$
```
      -8    -40
    18    26    66
```

④ Kleine Knobelei: Ergänze.

a) $95 - 37 = 58$
```
      -7    -30
    58    65    95
```

b) $81 - 17 = 64$
```
      -7    -10
    64    71    81
```

34

35

Rechnen mit dem Rechenstrich

①

$37 + 25 = 62$

```
      +20   +5
    37    57    62
```

$63 + 23 = 86$
```
      +20   +3
    63    83    86
```

$55 + 17 = 72$
```
      +10   +7
    55    65    72
```

$35 + 36 = 71$
```
      +30   +6
    35    65    71
```

② Geschickt rechnen bei Zehnernähe.

$43 + 39 = 82$

```
      +40
        -1
    43    82  83
```

$55 + 28 = 83$
```
      +30
        -2
    55    83    85
```

$24 + 48 = 72$
```
      +50
        -2
    24    72    74
```

$76 + 19 = 95$
```
      +20
        -1
    76    95    96
```

③

$73 - 35 = 38$

```
      -5    -30
    38    43    73
```

$52 - 24 = 28$
```
      -4    -20
    28    32    52
```

$45 - 12 = 33$
```
      -2    -10
    33    35    45
```

$81 - 37 = 44$
```
      -7    -30
    44    51    81
```

④ Geschickt rechnen bei Zehnernähe.

$62 - 28 = 34$

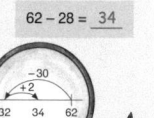
```
      -30
    +2
    32    34    62
```

$83 - 18 = 65$
```
      -20
    +2
    63    65    83
```

$76 - 29 = 47$
```
      -30
    +1
    46    47    76
```

$92 - 58 = 34$
```
      -60
    +2
    32    34    92
```

36

37

① Male jede Aufgabe in der passenden Farbe an.

57 + 16	48 + 26	38 + 57	44 + 38	52 + 39
grün	rot	blau	gelb	orange

63 + 19	73 + 18	59 + 14	66 + 29	38 + 36
gelb	orange	grün	blau	rot

82 74 95 73 91

② Rechenmauern

48
22 26
14 8 18

89
48 41
21 27 14
3 18 9 5

⭐3 Rechenschlangen

25 +29 54 +17 71 +23 94

14 +27 41 +39 80 +17 97

18 +23 41 +26 67 +25 92

38

④ Male jede Aufgabe in der passenden Farbe an.

64 – 27	56 – 29	72 – 18	83 – 38	65 – 39
blau	gelb	grün	rot	orange

52 – 25	92 – 66	88 – 51	75 – 21	69 – 24
gelb	orange	blau	grün	rot

37 26 54 45 27

⑤ Rechenmauern

93
45 48
26 19 29

84
48 36
30 18 18
21 9 9 9

⭐6 Rechenschlangen

97 – 28 69 – 15 54 – 36 18

89 – 23 66 – 19 47 – 35 12

95 – 16 79 – 25 54 – 27 27

39

Muster

① Setze die Muster fort.

② Setze die Muster fort.

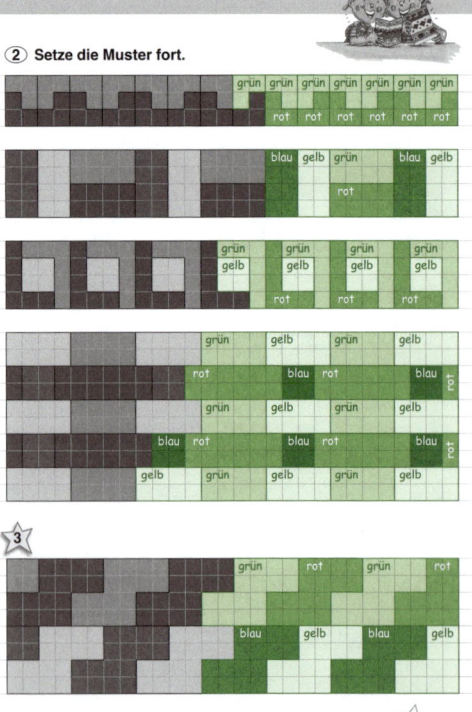

grün grün grün grün grün grün grün
rot rot rot rot rot rot

blau gelb grün blau gelb
rot

grün grün grün grün
gelb gelb gelb gelb
rot rot rot

grün gelb grün gelb
rot blau rot blau rot
grün gelb grün gelb
blau rot blau rot blau rot
gelb grün gelb grün gelb

⭐3

grün rot grün rot
blau gelb blau gelb

40

⭐ 41

①

$2 + 2 + 2 = \underline{6}$
$3 \cdot 2 = \underline{6}$

$3 + 3 + 3 = \underline{9}$
$3 \cdot 3 = \underline{9}$

$4 + 4 + 4 = \underline{12}$
$3 \cdot 4 = \underline{12}$

$4 + 4 + 4 + 4 = \underline{16}$
$4 \cdot 4 = \underline{16}$

$5 + 5 + 5 = \underline{15}$
$3 \cdot 5 = \underline{15}$

$5 + 5 + 5 + 5 + 5 + 5 = \underline{30}$
$6 \cdot 5 = \underline{30}$

$6 + 6 + 6 + 6 = \underline{24}$
$4 \cdot 6 = \underline{24}$

$6 + 6 + 6 + 6 + 6 = \underline{30}$
$5 \cdot 6 = \underline{30}$

42

②

$2 + 2 + 2 + 2 + 2 = \underline{10}$
$5 \cdot 2 = \underline{10}$

$2 + 2 + 2 + 2 + 2 + 2 + 2 = \underline{14}$
$7 \cdot 2 = \underline{14}$

$4 + 4 + 4 = \underline{12}$
$3 \cdot 4 = \underline{12}$

$4 + 4 + 4 + 4 + 4 = \underline{20}$
$5 \cdot 4 = \underline{20}$

$5 + 5 = \underline{10}$
$2 \cdot 5 = \underline{10}$

$5 + 5 + 5 + 5 = \underline{20}$
$4 \cdot 5 = \underline{20}$

③ Welcher Anhänger passt? Färbe.

$3 \cdot 3 = \underline{9}$

$4 \cdot 5 = \underline{20}$

$3 \cdot 4 = \underline{12}$

$4 \cdot 3 = \underline{12}$

grün $4 + 4 + 4 = \underline{12}$

rot $3 + 3 + 3 + 3 = \underline{12}$

blau $3 + 3 + 3 = \underline{9}$

gelb $5 + 5 + 5 + 5 = \underline{20}$

43

Malaufgaben zusammenbauen (1)

① Kernaufgaben und Quadrataufgaben

· 2
$1 \cdot 2 = \underline{2}$
$2 \cdot 2 = \underline{4}$
$5 \cdot 2 = \underline{10}$
$10 \cdot 2 = \underline{20}$

· 4
$1 \cdot 4 = \underline{4}$
$2 \cdot 4 = \underline{8}$
$4 \cdot 4 = \underline{16}$
$5 \cdot 4 = \underline{20}$
$10 \cdot 4 = \underline{40}$

② Malaufgaben zusammenbauen

$3 \cdot 2 = \underline{6}$
$2 \cdot 2 = \underline{4}$ | $1 \cdot 2 = \underline{2}$

$3 \cdot 4 = \underline{12}$
$1 \cdot 4 = \underline{4}$ | $2 \cdot 4 = \underline{8}$

$4 \cdot 2 = \underline{8}$
$2 \cdot 2 = \underline{4}$ | $2 \cdot 2 = \underline{4}$

$6 \cdot 4 = \underline{24}$
$5 \cdot 4 = \underline{20}$ | $1 \cdot 4 = \underline{4}$

$6 \cdot 2 = \underline{12}$
$5 \cdot 2 = \underline{10}$ | $1 \cdot 2 = \underline{2}$

$7 \cdot 4 = \underline{28}$
$5 \cdot 4 = \underline{20}$ | $2 \cdot 4 = \underline{8}$

$7 \cdot 2 = \underline{14}$
$5 \cdot 2 = \underline{10}$ | $2 \cdot 2 = \underline{4}$

$8 \cdot 4 = \underline{32}$
$4 \cdot 4 = \underline{16}$ | $4 \cdot 4 = \underline{16}$

44

③ Kernaufgaben und Quadrataufgaben

· 8
$1 \cdot 8 = \underline{8}$
$2 \cdot 8 = \underline{16}$
$5 \cdot 8 = \underline{40}$
$8 \cdot 8 = \underline{64}$
$10 \cdot 8 = \underline{80}$

· 5
$1 \cdot 5 = \underline{5}$
$2 \cdot 5 = \underline{10}$
$5 \cdot 5 = \underline{25}$
$10 \cdot 5 = \underline{50}$

④ Malaufgaben zusammenbauen

$3 \cdot 8 = \underline{24}$
$1 \cdot 8 = \underline{8}$ | $2 \cdot 8 = \underline{16}$

$3 \cdot 5 = \underline{15}$
$2 \cdot 5 = \underline{10}$ | $1 \cdot 5 = \underline{5}$

$4 \cdot 8 = \underline{32}$
$2 \cdot 8 = \underline{16}$ | $2 \cdot 8 = \underline{16}$

$4 \cdot 5 = \underline{20}$
$2 \cdot 5 = \underline{10}$ | $2 \cdot 5 = \underline{10}$

$6 \cdot 8 = \underline{48}$
$5 \cdot 8 = \underline{40}$ | $1 \cdot 8 = \underline{8}$

$7 \cdot 5 = \underline{35}$
$5 \cdot 5 = \underline{25}$ | $2 \cdot 5 = \underline{10}$

$7 \cdot 8 = \underline{56}$
$5 \cdot 8 = \underline{40}$ | $2 \cdot 8 = \underline{16}$

$6 \cdot 5 = \underline{30}$
$5 \cdot 5 = \underline{25}$ | $1 \cdot 5 = \underline{5}$

45

① Kernaufgaben und Quadrataufgaben

 · 3    · 6

· 3		· 6	
1 · 3 =	3	1 · 6 =	6
2 · 3 =	6	2 · 6 =	12
3 · 3 =	9	5 · 6 =	30
5 · 3 =	15	6 · 6 =	36
10 · 3 =	30	10 · 6 =	60

② Malaufgaben zusammenbauen

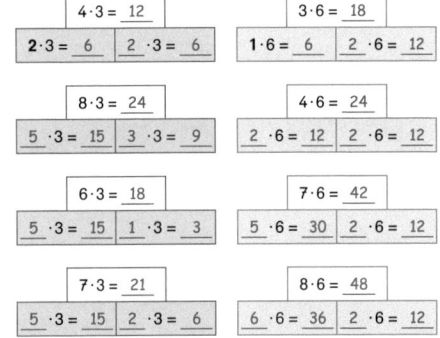

```
        4 · 3 = 12                3 · 6 = 18
2 · 3 = 6 | 2 · 3 = 6      1 · 6 = 6 | 2 · 6 = 12

        8 · 3 = 24                4 · 6 = 24
5 · 3 = 15 | 3 · 3 = 9     2 · 6 = 12 | 2 · 6 = 12

        6 · 3 = 18                7 · 6 = 42
5 · 3 = 15 | 1 · 3 = 3     5 · 6 = 30 | 2 · 6 = 12

        7 · 3 = 21                8 · 6 = 48
5 · 3 = 15 | 2 · 3 = 6     6 · 6 = 36 | 2 · 6 = 12
```

③ Kernaufgaben und Quadrataufgaben

 · 9   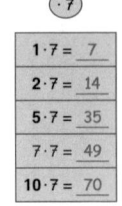 · 7

· 9		· 7	
1 · 9 =	9	1 · 7 =	7
2 · 9 =	18	2 · 7 =	14
5 · 9 =	45	5 · 7 =	35
9 · 9 =	81	7 · 7 =	49
10 · 9 =	90	10 · 7 =	70

④ Malaufgaben zusammenbauen

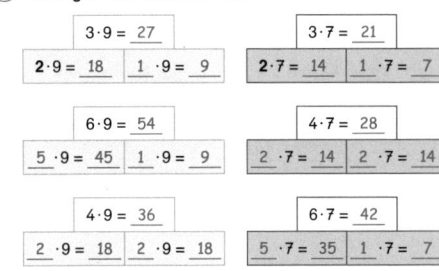
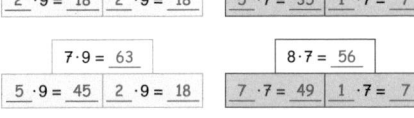

```
        3 · 9 = 27                3 · 7 = 21
2 · 9 = 18 | 1 · 9 = 9     2 · 7 = 14 | 1 · 7 = 7

        6 · 9 = 54                4 · 7 = 28
5 · 9 = 45 | 1 · 9 = 9     2 · 7 = 14 | 2 · 7 = 14

        4 · 9 = 36                6 · 7 = 42
2 · 9 = 18 | 2 · 9 = 18    5 · 7 = 35 | 1 · 7 = 7

        7 · 9 = 63                8 · 7 = 56
5 · 9 = 45 | 2 · 9 = 18    7 · 7 = 49 | 1 · 7 = 7
```

①

1 Reihe weg,
1 Reihe dazu.

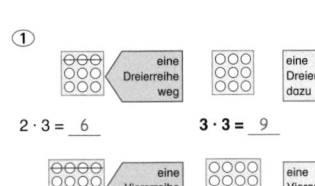

eine Dreierreihe weg | eine Dreierreihe dazu

2 · 3 = 6   **3 · 3 = 9**   4 · 3 = 12

eine Viererreihe weg | eine Viererreihe dazu

3 · 4 = 12   **4 · 4 = 16**   5 · 4 = 20

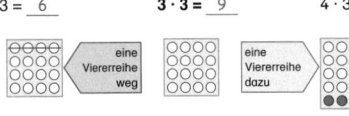

eine Sechserreihe weg | eine Sechserreihe dazu

5 · 6 = 30   **6 · 6 = 36**   7 · 6 = 42

eine Siebenerreihe weg | eine Siebenerreihe dazu

6 · 7 = 42   **7 · 7 = 49**   8 · 7 = 56

②

1 · 2 = 2	**2 · 2 = 4**	3 · 2 = 6
7 · 8 = 56	**8 · 8 = 64**	9 · 8 = 72
8 · 9 = 72	**9 · 9 = 81**	10 · 9 = 90

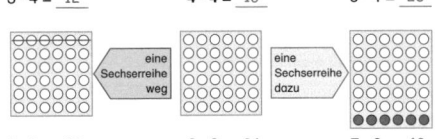
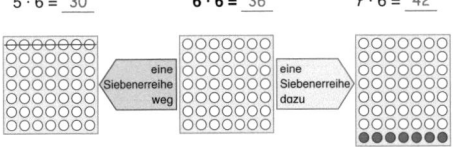
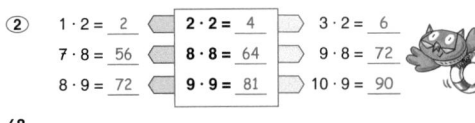

③ Beginne immer mit der Quadrataufgabe.

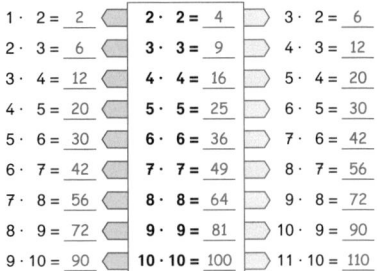

1 · 2 = 2	**2 · 2 = 4**	3 · 2 = 6
2 · 3 = 6	**3 · 3 = 9**	4 · 3 = 12
3 · 4 = 12	**4 · 4 = 16**	5 · 4 = 20
4 · 5 = 20	**5 · 5 = 25**	6 · 5 = 30
5 · 6 = 30	**6 · 6 = 36**	7 · 6 = 42
6 · 7 = 42	**7 · 7 = 49**	8 · 7 = 56
7 · 8 = 56	**8 · 8 = 64**	9 · 8 = 72
8 · 9 = 72	**9 · 9 = 81**	10 · 9 = 90
9 · 10 = 90	**10 · 10 = 100**	11 · 10 = 110

④ Die Quadrataufgabe hilft dir beim Rechnen.

4 · 4 = 16	3 · 3 = 9	6 · 6 = 36	8 · 8 = 64
3 · 4 = 12	4 · 3 = 12	7 · 6 = 42	9 · 8 = 72

⑤ Welche Quadrataufgabe hilft?

3 · 3 = 9	8 · 8 = 64	6 · 6 = 36	7 · 7 = 49
4 · 3 = 12	9 · 8 = 72	7 · 6 = 42	8 · 7 = 56
4 · 4 = 16	9 · 9 = 81	7 · 7 = 49	8 · 8 = 64

Tauschaufgaben

(1)

2 · 3 = 6   3 · 2 = 6

2 · 4 = 8   4 · 2 = 8

2 · 5 = 10   5 · 2 = 10

2 · 6 = 12   6 · 2 = 12

(2)

5 · 3 = 15   3 · 5 = 15

5 · 4 = 20   4 · 5 = 20

5 · 6 = 30   6 · 5 = 30

50

---

(3) Aufgabe und Tauschaufgabe: Färbe die passenden Fische.

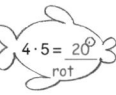

5·2 = 10   8·2 = 16 grün   5·6 = 30

4·5 = 20 rot   5·4 = 20   gelb 6·5 = 30

2·8 = 16   blau 2·5 = 10

(4) Wie heißt die Tauschaufgabe?

4·2 = 8	2 · 4 = 8	4·5 = 20	5 · 4 = 20
8·2 = 16	2 · 8 = 16	8·5 = 40	5 · 8 = 40
3·2 = 6	2 · 3 = 6	3·5 = 15	5 · 3 = 15
6·2 = 12	2 · 6 = 12	6·5 = 30	5 · 6 = 30
9·2 = 18	2 · 9 = 18	9·5 = 45	5 · 9 = 45
7·2 = 14	2 · 7 = 14	7·5 = 35	5 · 7 = 35

51

Gerecht teilen (1)

(1) Kreise ein und rechne.

12 : 3 = 4
4 · 3 = 12

15 : 3 = 5
5 · 3 = 15

B

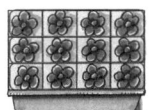

12 : 4 = 3
3 · 4 = 12

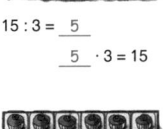

24 : 4 = 6
6 · 4 = 24

16 : 4 = 4
4 · 4 = 16

20 : 4 = 5
5 · 4 = 20

52

---

(2) Kreise ein und rechne.

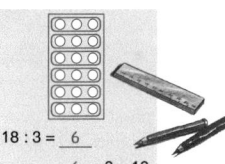

18 : 3 = 6
6 · 3 = 18

20 : 5 = 4
4 · 5 = 20

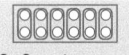

12 : 2 = 6
6 · 2 = 12

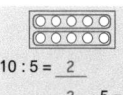

10 : 5 = 2
2 · 5 = 10

(3) Kreise ein und rechne.

40 : 10 = 4
4 · 10 = 40

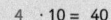

36 : 6 = 6
6 · 6 = 36

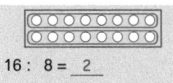

16 : 8 = 2
2 · 8 = 16

14 : 2 = 7
7 · 2 = 14

53

Körper

Würfel 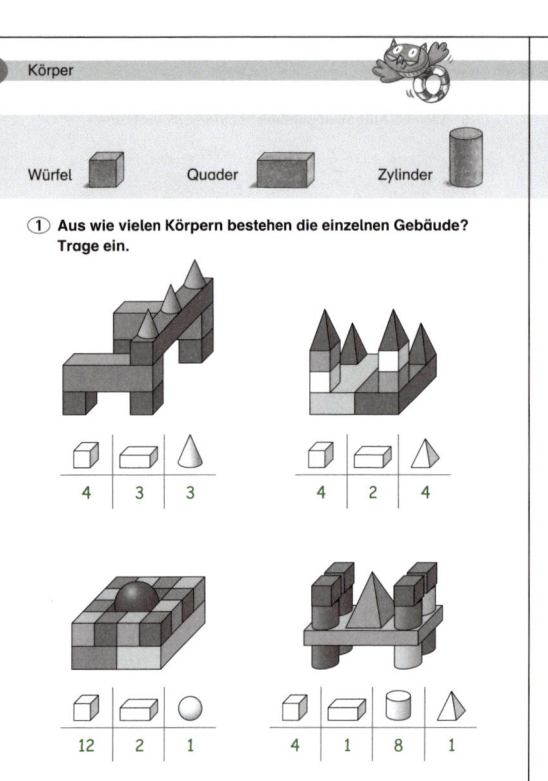 Quader   Zylinder   Pyramide   Kegel   Kugel

① **Aus wie vielen Körpern bestehen die einzelnen Gebäude? Trage ein.**

4	3	3

4	2	4

12	2	1

4	1	8	1

② **Wer hat welches Haus gebaut? Verbinde.**

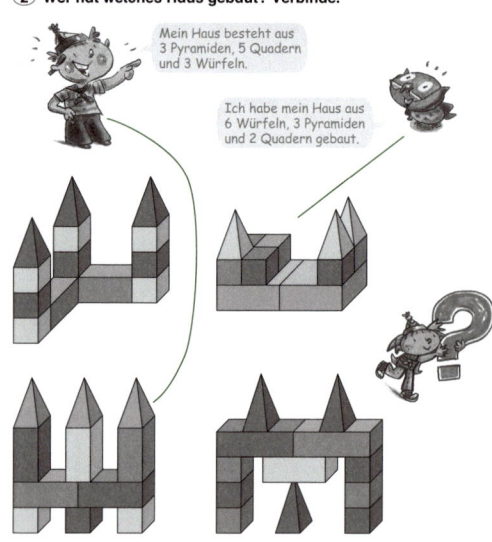

Mein Haus besteht aus 3 Pyramiden, 5 Quadern und 3 Würfeln.

Ich habe mein Haus aus 6 Würfeln, 3 Pyramiden und 2 Quadern gebaut.

Gerecht teilen (2)

①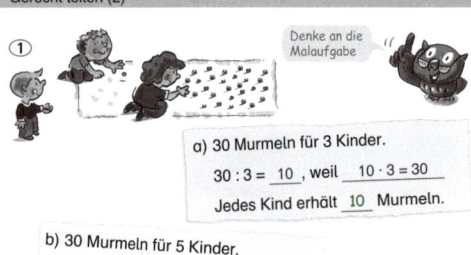

Denke an die Malaufgabe

a) 30 Murmeln für 3 Kinder.

30 : 3 = _10_ , weil _10 · 3 = 30_

Jedes Kind erhält _10_ Murmeln.

b) 30 Murmeln für 5 Kinder.

30 : 5 = _6_ , weil _6 · 5 = 30_

Jedes Kind erhält _6_ Murmeln.

c) 30 Murmeln für 6 Kinder.

30 : 6 = _5_ , weil _5 · 6 = 30_

Jedes Kind erhält _5_ Murmeln.

d) 30 Murmeln für 10 Kinder.

30 : 10 = _3_ , weil _3 · 10 = 30_

Jedes Kind erhält _3_ Murmeln.

②

20 : 5 = 4	10 : 2 = 5	20 : 10 = 2
4 · 5 = 20	5 · 2 = 10	2 · 10 = 20

14 : 2 = 7	16 : 2 = 8	20 : 5 = 4
7 · 2 = 14	8 · 2 = 16	4 · 5 = 20

3 Zahlen – 4 Aufgaben

① **Schreibe zu den drei Zahlen vier Aufgaben.**

2   3   6

2 · 3 = 6
3 · 2 = 6
6 : 3 = 2
6 : 2 = 3

5   8   40

5 · 8 = 40
8 · 5 = 40
40 : 8 = 5
40 : 5 = 8

② **Ergänze die dritte Zahl. Rechne.**

5   6   30

5 · 6 = 30
6 · 5 = 30
30 : 5 = 6
30 : 6 = 5

9   2   18

9 · 2 = 18
2 · 9 = 18
18 : 2 = 9
18 : 9 = 2

③ **Kleine Knobelei**

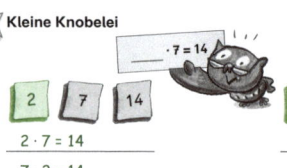 ___ · 7 = 14

2   7   14

2 · 7 = 14
7 · 2 = 14
14 : 2 = 7
14 : 7 = 2

5   9   45

5 · 9 = 45
9 · 5 = 45
45 : 5 = 9
45 : 9 = 5

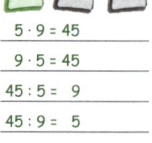

1 Male alle Zahlen aus dem 5er-Einmaleins grün an, alle Quadratzahlen rot.

30	45	9	29	47	12	15
grün	grün	rot				grün

81	5	4	11	51	36	40
rot	grün	rot			rot	grün

50	24	16	35	42	3	64
grün		rot	grün			rot

2

·	3	4	5
2	6	8	10
5	15	20	25
10	30	40	50

·	2	5	10
10	20	50	100
4	8	20	40
5	10	25	50

·	2	5	10
6	12	30	60
7	14	35	70
8	16	40	80

·	8	9	3
2	16	18	6
5	40	45	15
10	80	90	30

3 Welche Aufgaben gehören zusammen? Verbinde.

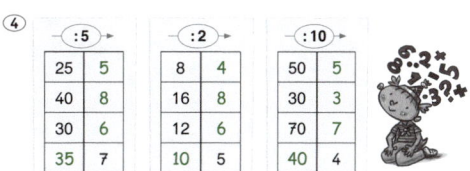

20 : 4 = 5   6 · 6 = 36
36 : 6 = 6   5 · 9 = 45
45 : 9 = 5   5 · 4 = 20
18 : 2 = 9   10 · 7 = 70
70 : 7 = 10   9 · 2 = 18

4

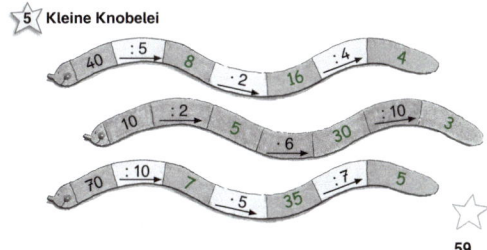

: 5 →	
25	5
40	8
30	6
35	7

: 2 →	
8	4
16	8
12	6
10	5

: 10 →	
50	5
30	3
70	7
40	4

5 Kleine Knobelei

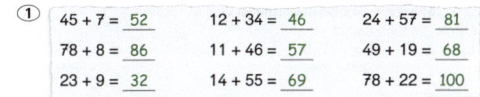

40 : 5 → 8 · 2 → 16 : 4 → 4

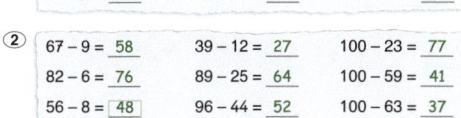

10 : 2 → 5 · 6 → 30 : 10 → 3

70 : 10 → 7 · 5 → 35 : 7 → 5

1

45 + 7 = 52	12 + 34 = 46	24 + 57 = 81
78 + 8 = 86	11 + 46 = 57	49 + 19 = 68
23 + 9 = 32	14 + 55 = 69	78 + 22 = 100

2

67 − 9 = 58	39 − 12 = 27	100 − 23 = 77
82 − 6 = 76	89 − 25 = 64	100 − 59 = 41
56 − 8 = 48	96 − 44 = 52	100 − 63 = 37

3 Welcher Pfeil trifft welchen Luftballon? Verbinde.

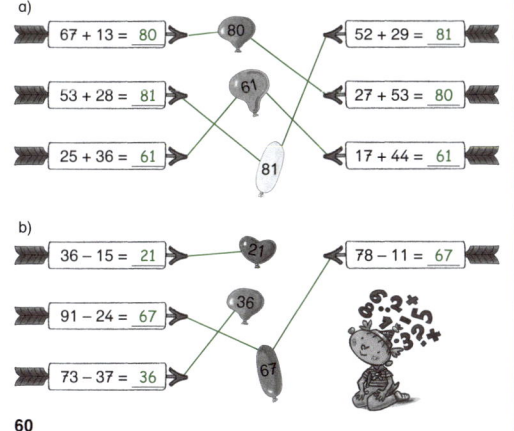

a)
67 + 13 = 80   80   52 + 29 = 81
53 + 28 = 81   61   27 + 53 = 80
25 + 36 = 61   81   17 + 44 = 61

b)
36 − 15 = 21   21   78 − 11 = 67
91 − 24 = 67   36
73 − 37 = 36   67

1 Welche Schlüssel passen zu den beiden Schatzkisten? Verbinde.

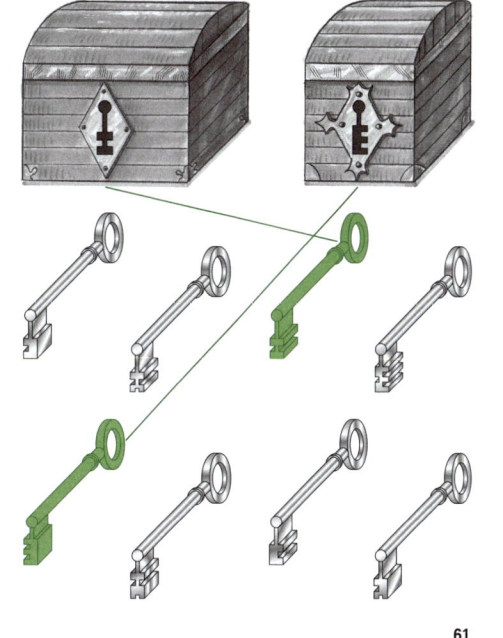

①

1 · 4 = 4	4 · 1 = 4	1 · 8 = 8	8 · 1 = 8
2 · 4 = 8	4 · 2 = 8	2 · 8 = 16	8 · 2 = 16
4 · 4 = 16	4 · 4 = 16	5 · 8 = 40	8 · 5 = 40
5 · 4 = 20	4 · 5 = 20	8 · 8 = 64	8 · 8 = 64
10 · 4 = 40	4 · 10 = 40	10 · 8 = 80	8 · 10 = 80

② · 3 3 · · 6 6 ·

1 · 3 = 3	3 · 1 = 3	1 · 6 = 6	6 · 1 = 6
2 · 3 = 6	3 · 2 = 6	2 · 6 = 12	6 · 2 = 12
3 · 3 = 9	3 · 3 = 9	5 · 6 = 30	6 · 5 = 30
5 · 3 = 15	3 · 5 = 15	6 · 6 = 36	6 · 6 = 36
10 · 3 = 30	3 · 10 = 30	10 · 6 = 60	6 · 10 = 60

③ · 7 7 · · 9 9 ·

1 · 7 = 7	7 · 1 = 7	1 · 9 = 9	9 · 1 = 9
2 · 7 = 14	7 · 2 = 14	2 · 9 = 18	9 · 2 = 18
5 · 7 = 35	7 · 5 = 35	5 · 9 = 45	9 · 5 = 45
7 · 7 = 49	7 · 7 = 49	9 · 9 = 81	9 · 9 = 81
10 · 7 = 70	7 · 10 = 70	10 · 9 = 90	9 · 10 = 90

62

---

①

· 10 →		: 10 →		· 5 →		: 5 →	
2	20	50	5	8	40	25	5
7	70	30	3	2	10	15	3
4	40	80	8	6	30	30	6
6	60	100	10	7	35	45	9
9	90	70	7	3	15	35	7

②

12	2 · 6	10	2 · 5	16	2 · 8	14
2 · 4					2 · 7	
8	2 · 9	18	2 · 10	20	2 · 2	4

③ **Rechne und male das Bild richtig an.**

5 · 5 = 25 ■	20 : 5 = 4 ☐
8 · 5 = 40 ■	12 : 2 = 6 ■
10 · 9 = 90 ■	70 : 10 = 7 ■
2 · 7 = 14 ☐	45 : 5 = 9 ■
7 · 5 = 35 ■	16 : 2 = 8 ■

63

---

① **Merke dir eine Figur und zeichne sie nach.**

Und so wird's gemacht:

Merke dir eine Figur aus der linken Spalte.

Falte das Blatt entlang der gestrichelten Linie. Decke die Figur zu.

Zeichne sie rechts nach.

Kontrolliere das Ergebnis.

Das Geheimnis des Sternenhimmels
Auflösung Sternenbild: Pfau

64

③ **Mit dem Rechenstrich geht es schneller.**

37 + 25 = ____

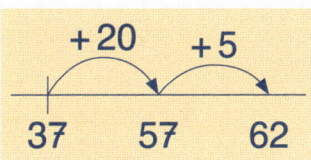

**Löse die Aufgabe zuerst am Rechenstrich,
trage dann das Ergebnis in die Rechnung ein.**

a) 53 + 28 = ____

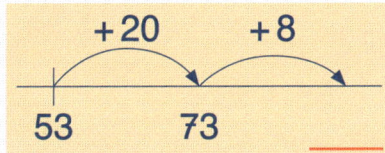

b) 19 + 44 = ____

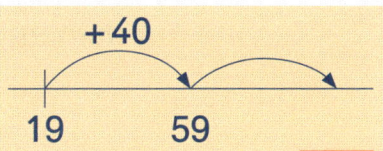

c) 75 + 17 = ____

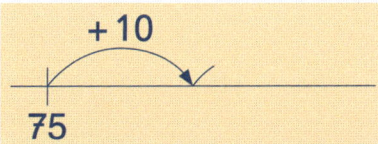

d) 47 + 36 = ____

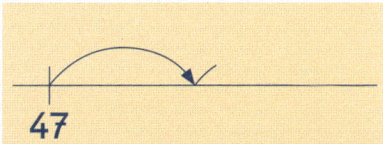

e) 24 + 29 = ____

f) 66 + 18 = ____

 **Kleine Knobelei: Ergänze.**

a) 56 + ____ = 84

b) 45 + ____ = 91

① **Wie rechnest du?** | 73 − 28 = _____

So?   Oder so?   Oder so?

73 − 20 = 53

53 − 8 = _____

73 − 8 = 65

65 − 20 = _____

73 − 30 = 43

43 + 2 = _____

Ich rechne so!

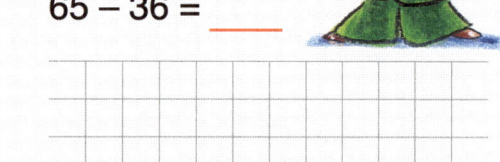

② **Rechne auf deinem Weg.**

42 − 17 = _____   65 − 36 = _____

51 − 26 = _____   34 − 18 = _____

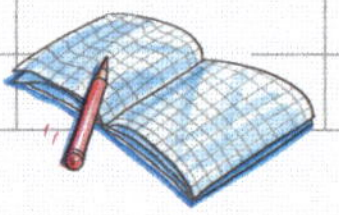

96 − 29 = _____   85 − 57 = _____

43 − 25 = _____   100 − 88 = _____

3 Minusaufgaben mit dem Rechenstrich lösen.

82 − 36 = _____

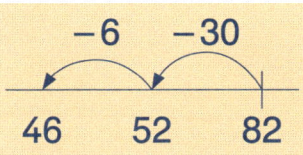

Bei Minus fängst du rechts an und rechnest zurück.

Löse die Aufgabe zuerst am Rechenstrich, trage dann das Ergebnis in die Rechnung ein.

a) 93 − 28 = _____

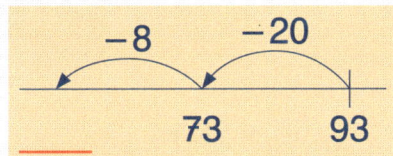

b) 71 − 54 = _____

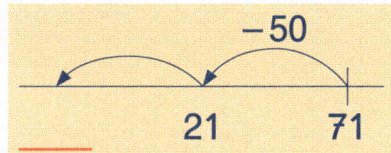

c) 84 − 67 = _____

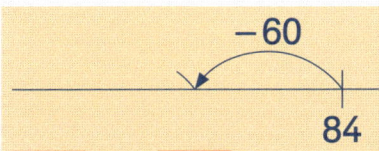

d) 57 − 39 = _____

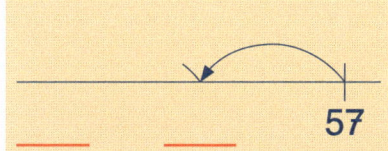

e) 42 − 16 = _____

f) 66 − 48 = _____

4 Kleine Knobelei: Ergänze.

a) 95 − _____ = 58

b) 81 − _____ = 64

35

①

37 + 25 = _____

+20   +5
37   57   62

63 + 23 = _____

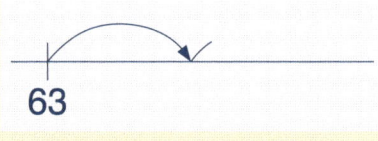

63

55 + 17 = _____

55

35 + 36 = _____

35

② Geschickt rechnen bei Zehnernähe.

43 + 39 = _____

+40
−1
43   82   83

55 + 28 = _____

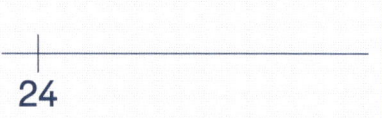

55

24 + 48 = _____

24

76 + 19 = _____

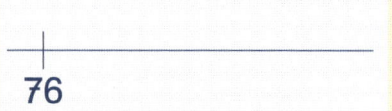

76

3

73 − 35 = _____

−5   −30
38   43   73

52 − 24 = _____

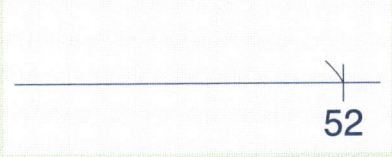

52

45 − 12 = _____

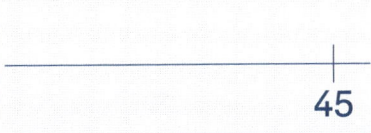

45

81 − 37 = _____

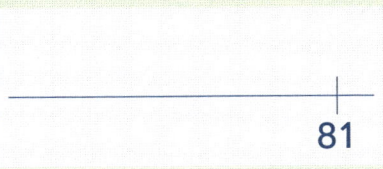

81

4 Geschickt rechnen bei Zehnernähe.

62 − 28 = _____

−30
+2
32   34   62

83 − 18 = _____

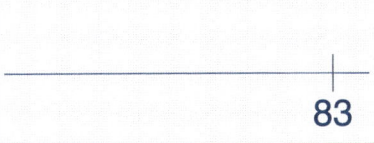

83

76 − 29 = _____

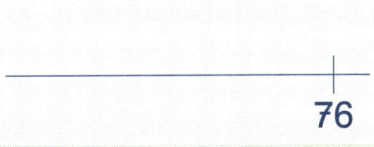

76

92 − 58 = _____

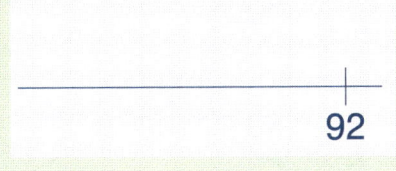

92

1 **Male jede Aufgabe in der passenden Farbe an.**

57 + 16	48 + 26	38 + 57	44 + 38	52 + 39

63 + 19	73 + 18	59 + 14	66 + 29	38 + 36

82   74   95   73   91

2 **Rechenmauern**

14   8   18

3   18   9   5

3 **Rechenschlangen**

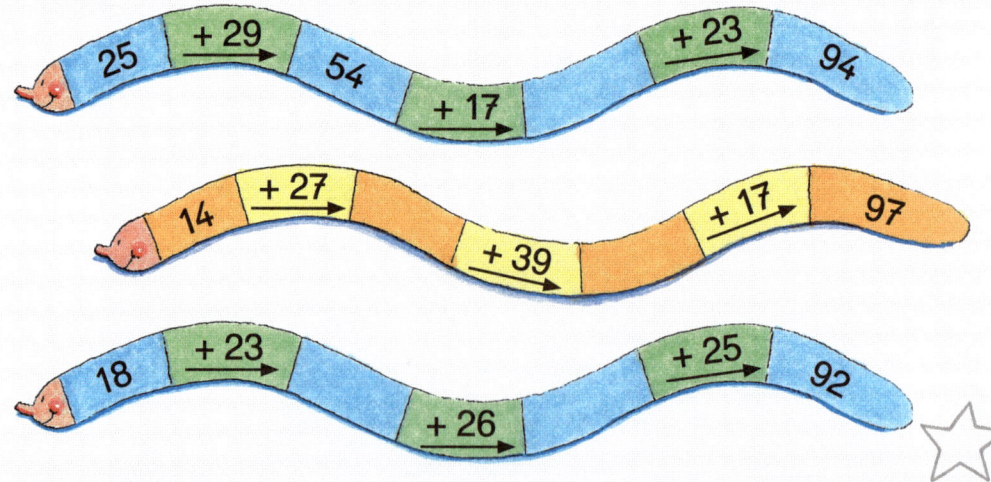

25 + 29 54 + 17 + 23 94

14 + 27 + 39 + 17 97

18 + 23 + 26 + 25 92

4 Male jede Aufgabe in der passenden Farbe an.

| 64 – 27 | 56 – 29 | 72 – 18 | 83 – 38 | 65 – 39 |

| 52 – 25 | 92 – 66 | 88 – 51 | 75 – 21 | 69 – 24 |

 37  26  54  45  27

5 Rechenmauern

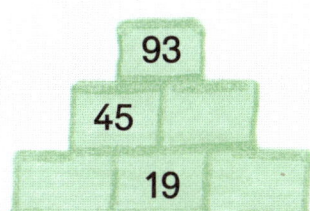

	93	
45		
	19	

		84		
			36	
		18		
			9	

6 Rechenschlangen

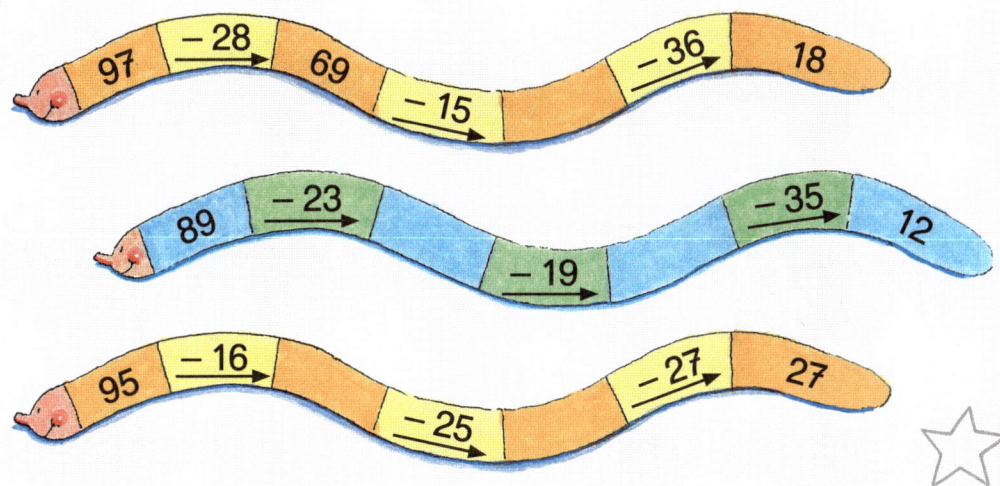

97 – 28 69 – 15 – 36 18

89 – 23 – 19 – 35 12

95 – 16 – 25 – 27 27

1 Setze die **Muster** fort.

2 Setze die Muster fort.

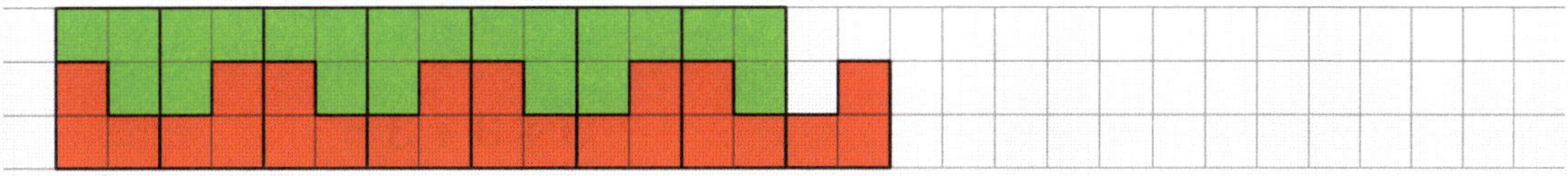

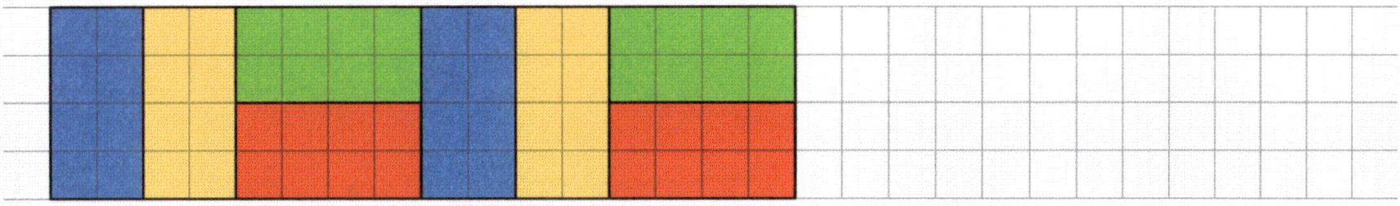

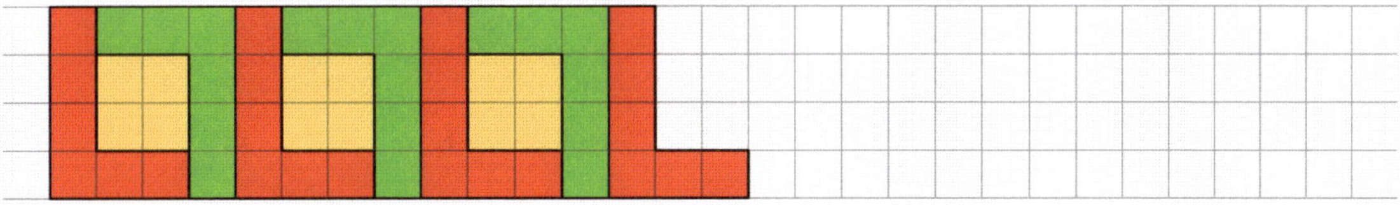

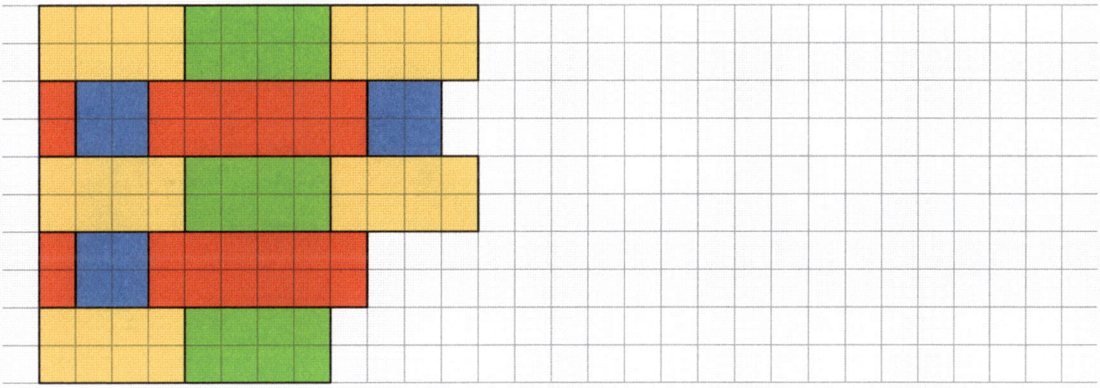

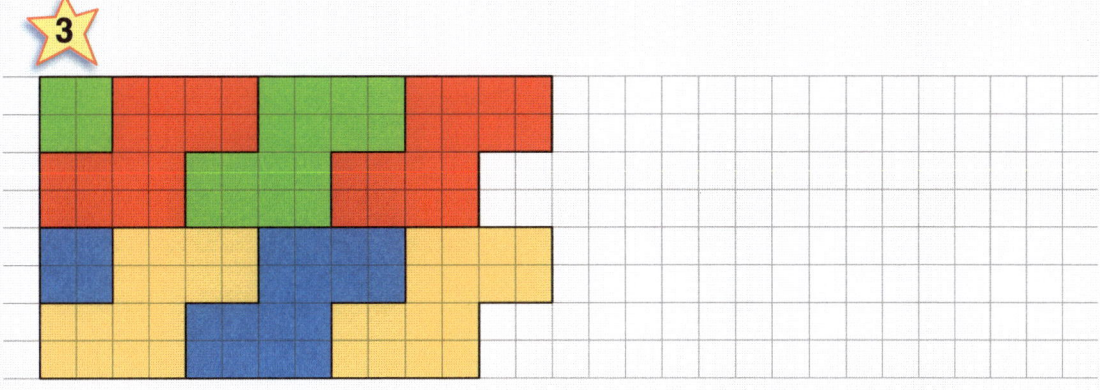

3

41

1

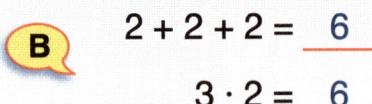

B

2 + 2 + 2 = <u>6</u>

3 · 2 = <u>6</u>

3 + 3 + 3 = ___

3 · 3 = ___

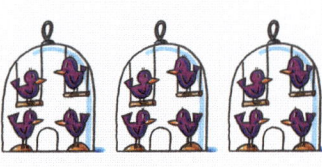

4 + ___ + ___ = ___

___ · ___ = ___

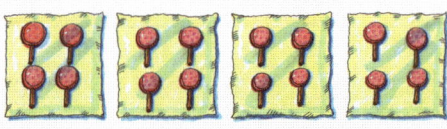

4 + ___ + ___ + ___ = ___

___ · ___ = ___

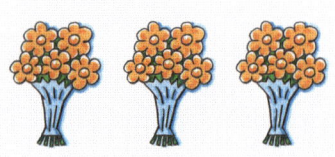

___ + ___ + ___ = ___

___ · ___ = ___

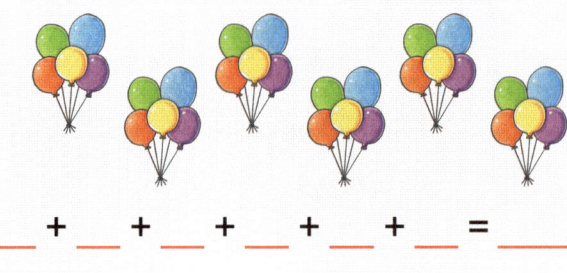

___ + ___ + ___ + ___ + ___ = ___

___ · ___ = ___

___ + ___ + ___ + ___ = ___

___ · ___ = ___

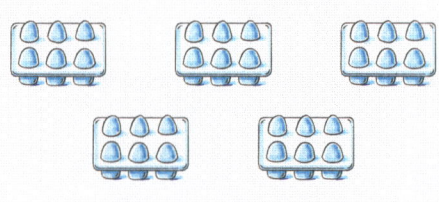

___ + ___ + ___ + ___ + ___ = ___

___ · ___ = ___

2

2 + 2 + 2 + 2 + 2 = _____

_____ · 2 = _____

2 + 2 + 2 + 2 + 2 + 2 + 2 = _____

_____ · 2 = _____

_____ + _____ + _____ = _____

_____ · _____ = _____

_____ + _____ + _____ + _____ = _____

_____ · _____ = _____

_____ + _____ = _____

_____ · _____ = _____

_____ + _____ + _____ = _____

_____ · _____ = _____

3 **Welcher Anhänger passt? Färbe.**

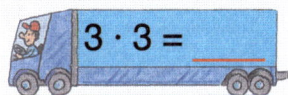
3 · 3 = _____

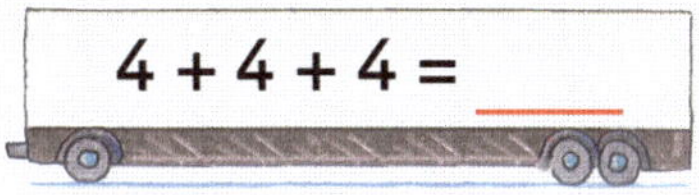

4 + 4 + 4 = _____

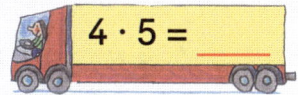
4 · 5 = _____

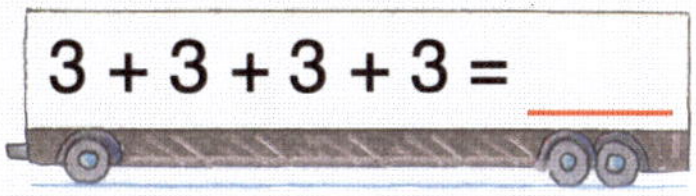

3 + 3 + 3 + 3 = _____

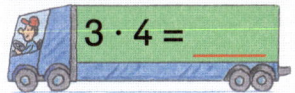
3 · 4 = _____

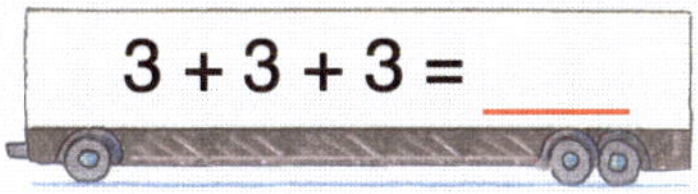

3 + 3 + 3 = _____

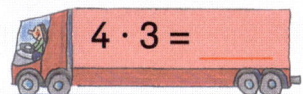
4 · 3 = _____

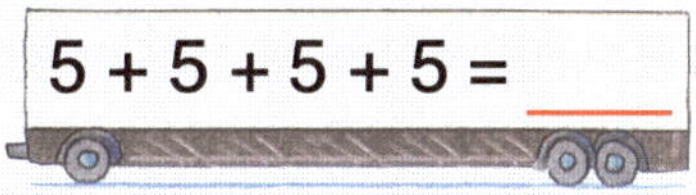

5 + 5 + 5 + 5 = _____

① Kernaufgaben und Quadrataufgaben

· 2

1 · 2 = ___
2 · 2 = ___
5 · 2 = ___
10 · 2 = ___

· 4

1 · 4 = ___
2 · 4 = ___
4 · 4 = ___
5 · 4 = ___
10 · 4 = ___

② Malaufgaben zusammenbauen

3 · 2 = ___
2 · 2 = ___   1 · 2 = ___

3 · 4 = ___
1 · 4 = ___   2 · 4 = ___

4 · 2 = ___
2 · 2 = ___   2 · 2 = ___

6 · 4 = ___
5 · 4 = ___   1 · 4 = ___

6 · 2 = ___
5 · 2 = ___   · 2 = ___

7 · 4 = ___
5 · 4 = ___   · 4 = ___

7 · 2 = ___
5 · 2 = ___   · 2 = ___

8 · 4 = ___
4 · 4 = ___   · 4 = ___

③ Kernaufgaben und Quadrataufgaben

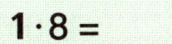
·8

1·8 = ___

2·8 = ___

5·8 = ___

8·8 = ___

10·8 = ___

·5

1·5 = ___

2·5 = ___

5·5 = ___

10·5 = ___

④ Malaufgaben zusammenbauen

3·8 = ___

1·8 = ___   2·8 = ___

3·5 = ___

2·5 = ___   ·5 = ___

4·8 = ___

·8 = ___   ·8 = ___

4·5 = ___

·5 = ___   ·5 = ___

6·8 = ___

·8 = ___   ·8 = ___

7·5 = ___

·5 = ___   ·5 = ___

7·8 = ___

·8 = ___   ·8 = ___

6·5 = ___

·5 = ___   ·5 = ___

1 Kernaufgaben und Quadrataufgaben

⊙ · 3

1 · 3 = ___
2 · 3 = ___
3 · 3 = ___
5 · 3 = ___
10 · 3 = ___

· 6

1 · 6 = ___
2 · 6 = ___
5 · 6 = ___
6 · 6 = ___
10 · 6 = ___

2 Malaufgaben zusammenbauen

4 · 3 = ___

2 · 3 = ___	___ · 3 = ___

3 · 6 = ___

1 · 6 = ___	___ · 6 = ___

8 · 3 = ___

___ · 3 = ___	___ · 3 = ___

4 · 6 = ___

___ · 6 = ___	___ · 6 = ___

6 · 3 = ___

___ · 3 = ___	___ · 3 = ___

7 · 6 = ___

___ · 6 = ___	___ · 6 = ___

7 · 3 = ___

___ · 3 = ___	___ · 3 = ___

8 · 6 = ___

___ · 6 = ___	___ · 6 = ___

3 **Kernaufgaben und Quadrataufgaben**

· 9

1 · 9 = ___
2 · 9 = ___
5 · 9 = ___
9 · 9 = ___
10 · 9 = ___

· 7

1 · 7 = ___
2 · 7 = ___
5 · 7 = ___
7 · 7 = ___
10 · 7 = ___

4 **Malaufgaben zusammenbauen**

3 · 9 = ___
2 · 9 = ___   ___ · 9 = ___

3 · 7 = ___
2 · 7 = ___   ___ · 7 = ___

6 · 9 = ___
___ · 9 = ___   ___ · 9 = ___

4 · 7 = ___
___ · 7 = ___   ___ · 7 = ___

4 · 9 = ___
___ · 9 = ___   ___ · 9 = ___

6 · 7 = ___
___ · 7 = ___   ___ · 7 = ___

7 · 9 = ___
___ · 9 = ___   ___ · 9 = ___

8 · 7 = ___
___ · 7 = ___   ___ · 7 = ___

Quadrataufgaben verändern – Nachbaraufgaben

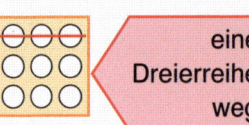

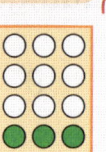

①

eine Dreierreihe weg

eine Dreierreihe dazu

$2 \cdot 3 =$ _____   **$3 \cdot 3 =$** _____ $4 \cdot 3 =$ _____

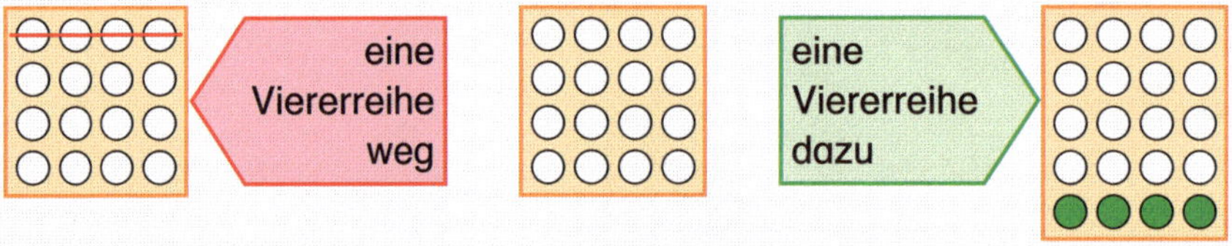

eine Viererreihe weg

eine Viererreihe dazu

$3 \cdot 4 =$ _____   **$4 \cdot 4 =$** _____ $5 \cdot 4 =$ _____

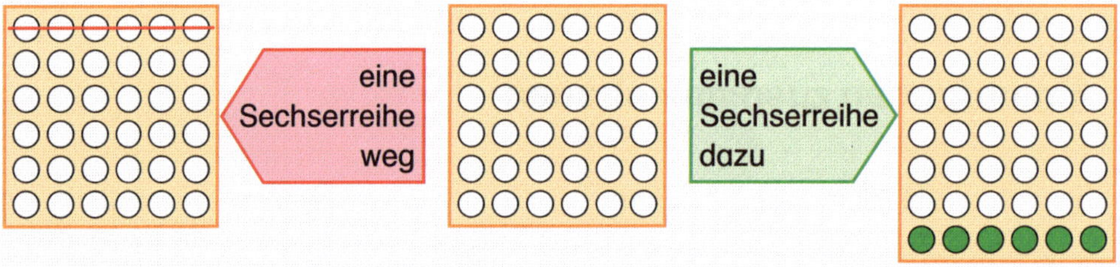

eine Sechserreihe weg

eine Sechserreihe dazu

$5 \cdot 6 =$ _____   **$6 \cdot 6 =$** _____ $7 \cdot 6 =$ _____

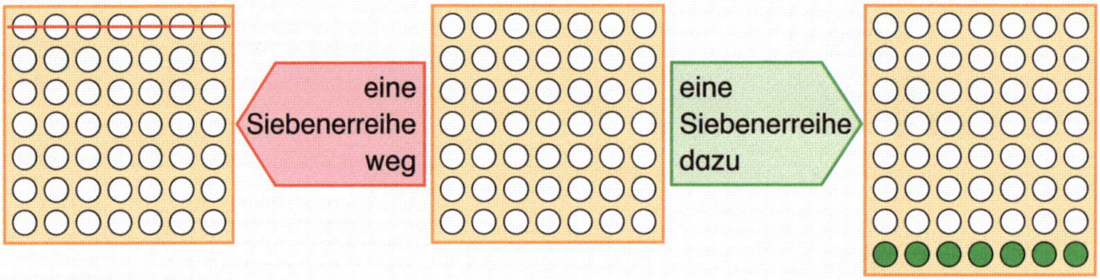

eine Siebenerreihe weg

eine Siebenerreihe dazu

$6 \cdot 7 =$ _____   **$7 \cdot 7 =$** _____ $8 \cdot 7 =$ _____

②

$1 \cdot 2 =$ _____   **$2 \cdot 2 =$** _____ $3 \cdot 2 =$ _____

$7 \cdot 8 =$ _____   **$8 \cdot 8 =$** _____ $9 \cdot 8 =$ _____

$8 \cdot 9 =$ _____   **$9 \cdot 9 =$** _____ $10 \cdot 9 =$ _____

3 Beginne immer mit der Quadrataufgabe.

1 · 2 = ___	**2 · 2 = ___**	3 · 2 = ___
2 · 3 = ___	**3 · 3 = ___**	4 · 3 = ___
3 · 4 = ___	**4 · 4 = ___**	5 · 4 = ___
4 · 5 = ___	**5 · 5 = ___**	6 · 5 = ___
5 · 6 = ___	**6 · 6 = ___**	7 · 6 = ___
6 · 7 = ___	**7 · 7 = ___**	8 · 7 = ___
7 · 8 = ___	**8 · 8 = ___**	9 · 8 = ___
8 · 9 = ___	**9 · 9 = ___**	10 · 9 = ___
9 · 10 = ___	**10 · 10 = ___**	11 · 10 = ___

4 Die Quadrataufgabe hilft dir beim Rechnen.

4 · 4 = ___	3 · 3 = ___	6 · 6 = ___	8 · 8 = ___
3 · 4 = ___	4 · 3 = ___	7 · 6 = ___	9 · 8 = ___

5 Welche Quadrataufgabe hilft?

3 · 3 = ___	8 · 8 = ___	6 · 6 = ___	7 · 7 = ___
4 · 3 = ___	9 · 8 = ___	7 · 6 = ___	8 · 7 = ___
4 · 4 = ___	9 · 9 = ___	7 · 7 = ___	8 · 8 = ___

Tauschaufgaben

1 2 · 3 = _____   3 · 2 = _____

2 · 4 = _____   4 · 2 = _____

2 · ___ = _____   5 · ___ = _____

2 · ___ = _____   6 · ___ = _____

2 5 · ___ = _____   3 · 5 = _____

5 · ___ = _____   4 · ___ = _____

___ · ___ = _____   ___ · 5 = _____

3 Aufgabe und Tauschaufgabe: Färbe die passenden Fische.

$5 \cdot 2 =$ ____

$8 \cdot 2 =$ ____

$5 \cdot 6 =$ ____

$4 \cdot 5 =$ ____

$5 \cdot 4 =$ ____

$6 \cdot 5 =$ ____

$2 \cdot 8 =$ ____

$2 \cdot 5 =$ ____

4 Wie heißt die Tauschaufgabe?

$4 \cdot 2 =$ ____	____ $\cdot$ ____ $=$ ____	$4 \cdot 5 =$ ____	____ $\cdot$ ____ $=$ ____
$8 \cdot 2 =$ ____	____ $\cdot$ ____ $=$ ____	$8 \cdot 5 =$ ____	____ $\cdot$ ____ $=$ ____
$3 \cdot 2 =$ ____	____ $\cdot$ ____ $=$ ____	$3 \cdot 5 =$ ____	____ $\cdot$ ____ $=$ ____
$6 \cdot 2 =$ ____	____ $\cdot$ ____ $=$ ____	$6 \cdot 5 =$ ____	____ $\cdot$ ____ $=$ ____
$9 \cdot 2 =$ ____	____ $\cdot$ ____ $=$ ____	$9 \cdot 5 =$ ____	____ $\cdot$ ____ $=$ ____
$7 \cdot 2 =$ ____	____ $\cdot$ ____ $=$ ____	$7 \cdot 5 =$ ____	____ $\cdot$ ____ $=$ ____

1 **Kreise ein und rechne.**

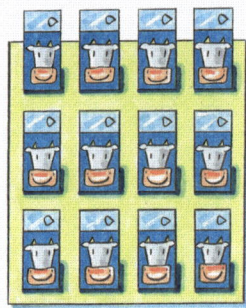

12 : 3 = __4__

15 : 3 = _____

B

__4__ · 3 = 12

_____ · 3 = 15

12 : 4 = _____

24 : 4 = _____

_____ · 4 = 12

_____ · 4 = 24

16 : 4 = _____

20 : 4 = _____

_____ · 4 = 16

_____ · 4 = 20

2 **Kreise ein und rechne.**

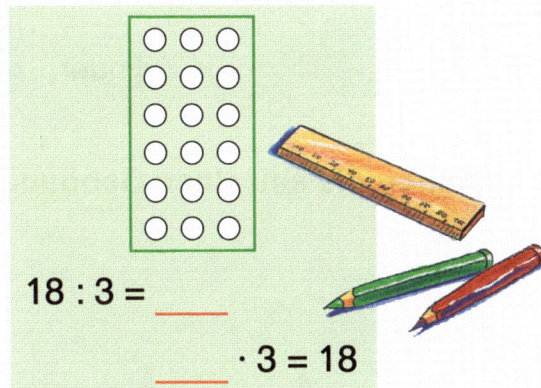

18 : 3 = ____

____ · 3 = 18

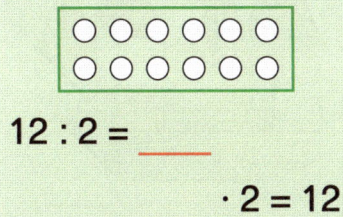

12 : 2 = ____

____ · 2 = 12

20 : 5 = ____

____ · 5 = 20

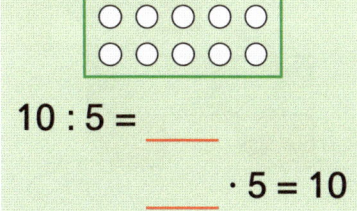

10 : 5 = ____

____ · 5 = 10

3 **Kreise ein und rechne.**

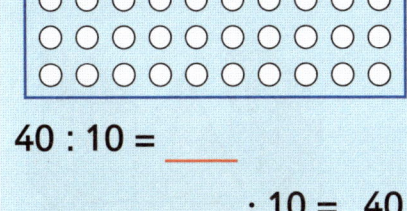

40 : 10 = ____

____ · 10 = 40

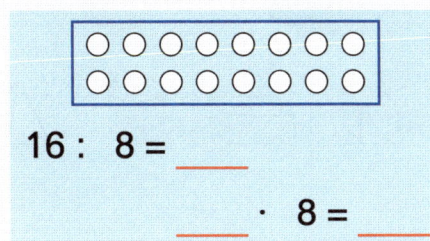

16 : 8 = ____

____ · 8 = ____

36 : 6 = ____

____ · 6 = ____

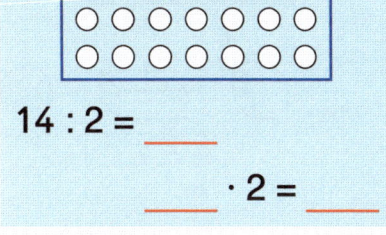

14 : 2 = ____

____ · 2 = ____

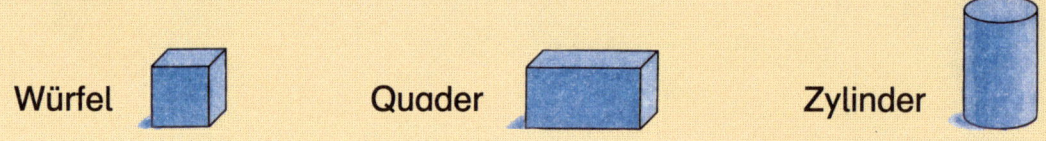

Würfel   Quader   Zylinder

① **Aus wie vielen Körpern bestehen die einzelnen Gebäude?**
   Trage ein.

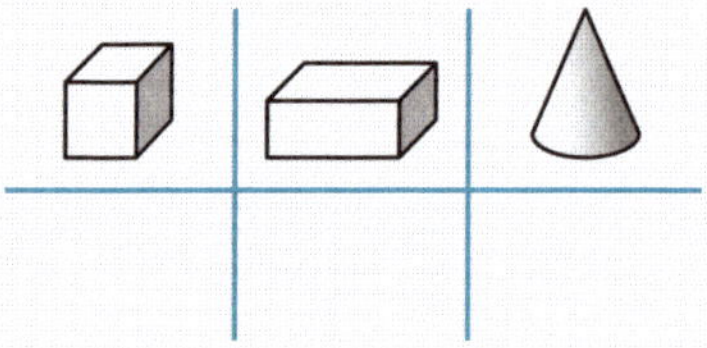

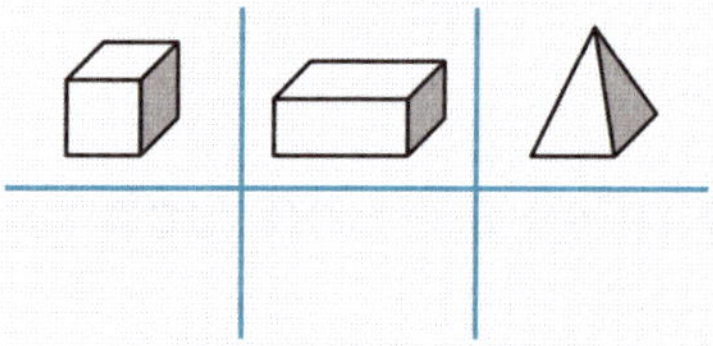

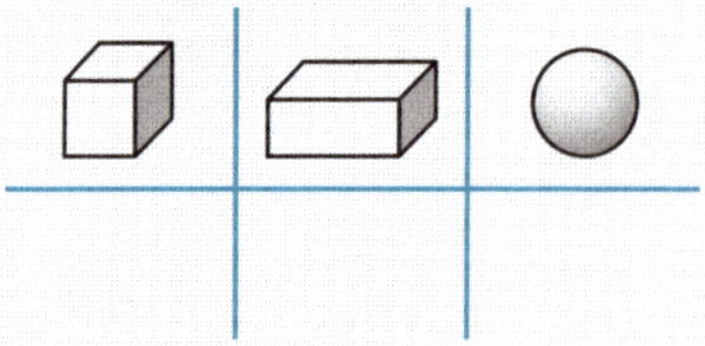

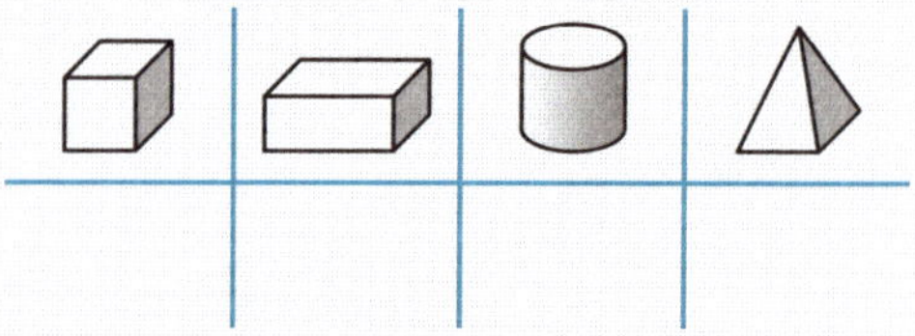

Pyramide    Kegel    Kugel

2 **Wer hat welches Haus gebaut? Verbinde.**

Mein Haus besteht aus
3 Pyramiden, 5 Quadern
und 3 Würfeln.

Ich habe mein Haus aus
6 Würfeln, 3 Pyramiden
und 2 Quadern gebaut.

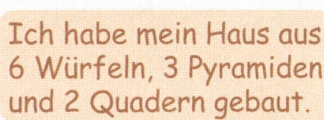

Denke an die Malaufgabe

a) 30 Murmeln für 3 Kinder.

30 : 3 = __10__ , weil __10 · 3 = 30__

Jedes Kind erhält ____ Murmeln.

b) 30 Murmeln für 5 Kinder.

30 : 5 = ____ , weil _____

Jedes Kind erhält ____ Murmeln.

c) 30 Murmeln für 6 Kinder.

30 : 6 = ____ , weil _____

Jedes Kind erhält ____ Murmeln.

d) 30 Murmeln für 10 Kinder.

30 : 10 = ____ , weil _____

Jedes Kind erhält ____ Murmeln.

2

20 : 5 = ____

4 · 5 = ____

10 : 2 = ____

____ · 2 = ____

20 : 10 = ____

____ · 10 = ____

14 : 2 = ____

16 : 2 = ____

20 : 5 = ____

1 Schreibe zu den drei Zahlen vier Aufgaben.

        40

2 · 3 = 6   ___ · 8 = ___

3 · ___ = ___   8 · ___ = ___

6 : 3 = ___   ___ : 8 = ___

6 : ___ = ___   ___ : ___ = ___

2 Ergänze die dritte Zahl. Rechne.

_____   _____

_____   _____

_____   _____

_____   _____

3 Kleine Knobelei

___ · 7 = 14

              45

_____   _____

_____   _____

_____   _____

_____   _____

1 Male alle Zahlen aus dem 5er-Einmaleins grün an,
alle Quadratzahlen rot.

| 30 | 45 | 9 | 29 | 47 | 12 | 15 |

| 81 | 5 | 4 | 11 | 51 | 36 | 40 |

| 50 | 24 | 16 | 35 | 42 | 3 | 64 |

2

·	3	4	5
2	6		
5			
10			

·	2	5	10
10			
4			
5			

·	2	5	10
6			
7			
8			

·	8	9	3
2			
5			
10			

③ Welche Aufgaben gehören zusammen? Verbinde.

20 : 4 = __5__	6 · 6 = ____
36 : 6 = ____	5 · 9 = ____
45 : 9 = ____	5 · 4 = __20__
18 : 2 = ____	10 · 7 = ____
70 : 7 = ____	9 · 2 = ____

④

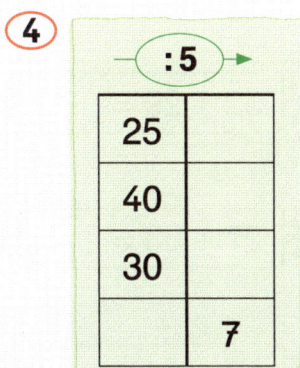

: 5	
25	
40	
30	
	7

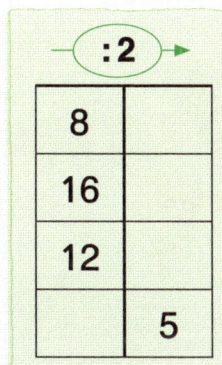

: 2	
8	
16	
12	
	5

: 10	
50	
30	
70	
	4

5 Kleine Knobelei

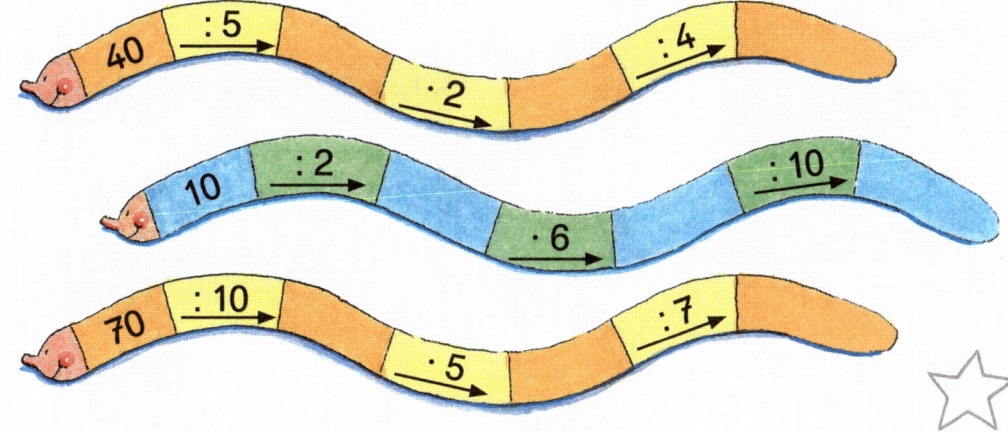

①
45 + 7 = ____   12 + 34 = ____   24 + 57 = ____

78 + 8 = ____   11 + 46 = ____   49 + 19 = ____

23 + 9 = ____   14 + 55 = ____   78 + 22 = ____

②
67 – 9 = ____   39 – 12 = ____   100 – 23 = ____

82 – 6 = ____   89 – 25 = ____   100 – 59 = ____

56 – 8 = ____   96 – 44 = ____   100 – 63 = ____

③ **Welcher Pfeil trifft welchen Luftballon? Verbinde.**

a)

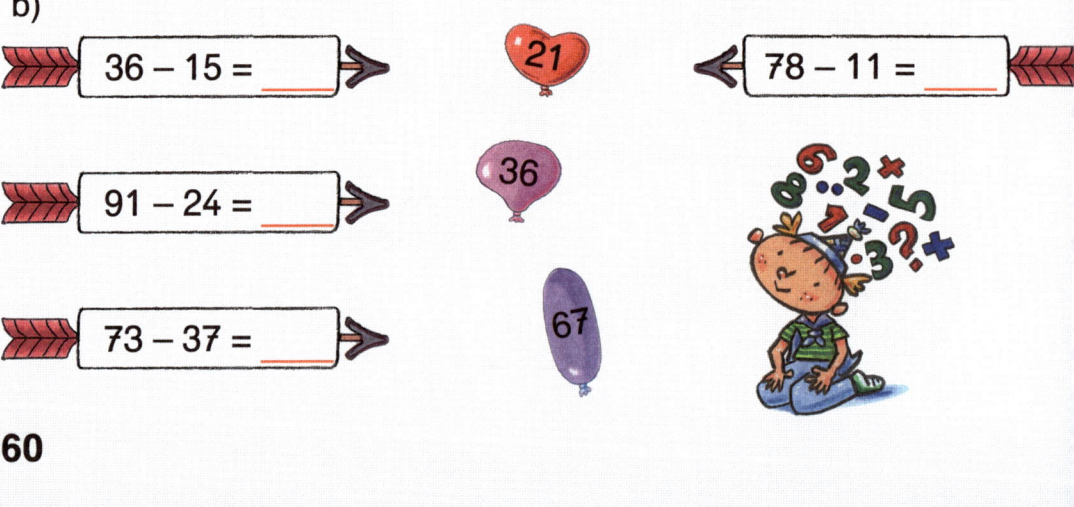

67 + 13 = ____   80   52 + 29 = ____

53 + 28 = ____   61   27 + 53 = ____

25 + 36 = ____   81   17 + 44 = ____

b)

36 – 15 = ____   21   78 – 11 = ____

91 – 24 = ____   36

73 – 37 = ____   67

1 **Welche Schlüssel passen zu den beiden Schatzkisten?**
   Verbinde.

Kernaufgaben und Quadrataufgaben

①

1 · 4 = ___	4 · 1 = ___	1 · 8 = ___	8 · 1 = ___
2 · 4 = ___	4 · 2 = ___	2 · 8 = ___	8 · 2 = ___
4 · 4 = ___	4 · 4 = ___	5 · 8 = ___	8 · 5 = ___
5 · 4 = ___	4 · 5 = ___	8 · 8 = ___	8 · 8 = ___
10 · 4 = ___	4 · 10 = ___	10 · 8 = ___	8 · 10 = ___

②

1 · 3 = ___	3 · 1 = ___	1 · 6 = ___	6 · 1 = ___
2 · 3 = ___	3 · 2 = ___	2 · 6 = ___	6 · 2 = ___
3 · 3 = ___	3 · 3 = ___	5 · 6 = ___	6 · 5 = ___
5 · 3 = ___	3 · 5 = ___	6 · 6 = ___	6 · 6 = ___
10 · 3 = ___	3 · 10 = ___	10 · 6 = ___	6 · 10 = ___

③

1 · 7 = ___	7 · 1 = ___	1 · 9 = ___	9 · 1 = ___
2 · 7 = ___	7 · 2 = ___	2 · 9 = ___	9 · 2 = ___
5 · 7 = ___	7 · 5 = ___	5 · 9 = ___	9 · 5 = ___
7 · 7 = ___	7 · 7 = ___	9 · 9 = ___	9 · 9 = ___
10 · 7 = ___	7 · 10 = ___	10 · 9 = ___	9 · 10 = ___

1

· 10 ▸	
2	
7	
4	
6	
9	

: 10 ▸	
50	
30	
80	
100	
70	

· 5 ▸	
8	
2	
6	
7	
3	

: 5 ▸	
25	
15	
30	
45	
35	

2

12	2· ___	10	2· ___	16	2· ___	14

2· _4_   2· ___

8	2· ___	18	2· ___	20	2· ___	4

3 **Rechne und male das Bild richtig an.**

5 · 5 = _25_   20 : 5 = ____

8 · 5 = ____   12 : 2 = ____

10 · 9 = ____   70 : 10 = ____

2 · 7 = ____   45 : 5 = ____

7 · 5 = ____   16 : 2 = ____

1 **Merke dir eine Figur und zeichne sie nach.**

Und so wird's
gemacht:

Merke dir eine Figur
aus der linken Spalte.

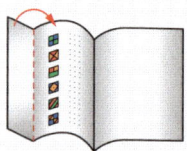

Falte das Blatt entlang
der gestrichelten Linie.
Decke die Figur zu.

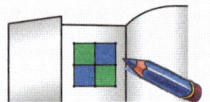

Zeichne sie rechts
nach.

Kontrolliere das
Ergebnis.

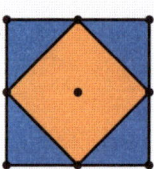

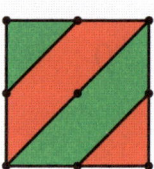

Vier Freunde

Noch drei Minuten bis zum Abpfiff. „Hinten dichtmachen", denkt Florian konzentriert, „nur keinen mehr reinlassen. Ein Unentschieden reicht uns!"

Es ist das letzte Rasenspiel vor der Winterpause und Florians Mannschaft aus Moorburg hat gute Chancen, als Tabellenführer in die Pause zu gehen. Doch das Spiel hat es in sich. Das gegnerische Team aus Augustin kämpft verbissen um jeden Punkt, als ginge es um die Weltmeisterschaft.

Auch das Wetter ist heute alles andere als fußballtauglich. Den ganzen Vormittag hat es geregnet und der Platz hat sich an einigen Stellen in eine regelrechte Sumpflandschaft verwandelt. Die Trikots der Spieler sind dreckverschmiert und ihre Schuhe sehen aus, als hätte man sie in flüssige Schokolade getaucht. Alle sind erschöpft, die Spieler von Florians Mannschaft genauso wie die aus Augustin.

Gerade kommt Tim von der gegnerischen Mannschaft an den Ball und stürmt los. Er kämpft sich durch die Reihen der Moorburger und schießt einen Pass zum völlig frei stehenden Finn. Florian schluckt.

„Pass auf! Du musst Finn aufhalten", schreit Lena vom Spielfeldrand rüber und fuchtelt wild mit den Armen. Sie ist nicht nur Florians Zwillingsschwester, sondern auch der größte Fan der Moorburger.

Florian verdreht die Augen. Als ob er das nicht selber wüsste. Dann stürzt er aus dem Tor heraus und läuft Finn entgegen, den Ball fest im Blick.

Finn ist schon im Strafraum. Da kommt plötzlich Chris von der Seite angerannt und schiebt sich in letzter Sekunde zwischen Finn und den Ball.

„Coole Aktion!", ruft Florian begeistert und rennt zurück ins Tor. Chris strahlt. Schnell setzt er zum Gegenangriff an, die letzte Minute läuft. Kurz vor dem gegnerischen Strafraum passt Chris zu Hannes, Hannes zieht durch und der Ball landet im Netz.

„Tor!", jubeln die Moorburger und Florian ist mächtig stolz auf seine beiden besten Freunde.

Noch ein letzter Abschlag, der Ball rollt über die Außenlinie und ... – das Spiel ist aus. Florians Mannschaft gewinnt mit 1 : 0! Die Jungs liegen sich in den Armen und feiern ihren Sieg.

Da kommt auch Lena angelaufen und klopft Chris anerkennend auf die Schulter. Der wird prompt rot. Er ist nicht nur Florians bester Freund, sondern auch ein ganz kleines bisschen in dessen Schwester verliebt. Die ist nämlich voll in Ordnung und auf dem Spielfeld mindestens so gut wie ihr Bruder im Tor.

Trotzdem spielt Lena in keinem Verein. Sie würde ja gerne, aber sie hat schon einmal die Woche Gitarrenunterricht, geht zum Reiten und spielt Theater. Mehr Hobbys sind nicht drin,

finden ihre Eltern. Und eins der drei aufgeben, das will Lena auf keinen Fall. Aber wenigstens kann sie mit den Jungs in den Pausen auf dem Schulhof kicken.

Die vier gehen alle zusammen in die 3a der Hans-Christian-Andersen-Grundschule in Moorburg, und die hat ein richtiges Fußballfeld mit kleinen, beweglichen Toren auf dem Schulhof. Einziger Haken: Es wird mit einem Softball gespielt. Manche Jungs, besonders die aus der Vierten, finden das megauncool. „Mit 'nem Softball spielen doch nur Weicheier", behaupten sie. Doch Florian, Lena, Chris und Hannes ist das völlig egal. Sie spielen trotzdem, wann immer es geht, und Weicheier sind sie deswegen noch lange nicht.

Aber unzertrennlich, das sind sie. „Wie die vier Musketiere", meint Frau Nebeling, die Klassenlehrerin der 3a, immer lächelnd.

„Das passt!", findet Lena. Sie und Florian kennen Chris und Hannes schon aus dem Kindergarten. Seitdem halten die vier zusammen wie Pech und Schwefel, genauso wie die Musketiere. Nur mit dem kleinen Unterschied, dass Lena natürlich ein Mädchen ist.

Seit Kurzem wohnen die Freunde auch alle zusammen in der Schillerstraße. Chris ganz am Anfang, Florian und Lena mehr in der Mitte, und Hannes ist nach den Sommerferien mit seinen Eltern in das Haus ganz am Ende der Straße gezogen. Eigentlich hatten die Zwillinge gehofft, Hannes würde mit seiner Familie bei ihnen ins Haus einziehen. Die Wohnung unter ihnen war frei geworden. Doch dort wohnt seit ein paar Wochen eine Mutter mit ihrem Sohn. Lukas heißt der, geht in die gleiche Klasse wie die vier und ist ein richtiger Blödmann. Die vier können ihn nicht ausstehen.

Dabei waren Florian und Lena am Anfang echt neugierig auf den Neuen. Sie haben ihm sogar ihre Hilfe angeboten, als er ächzend und schnaufend eine Umzugskiste nach der anderen die Treppe hinaufgeschleppt hat. Aber Lukas war total unfreundlich. „Haut bloß ab! Ich brauche keine Hilfe!", hat er sie angeschnauzt und mit dem Karton ins Geländer geschubst. Lena hatte danach einen dicken blauen Fleck an der rechten Seite, direkt unter den Rippen. Seitdem ist Lukas für die vier Freunde gestorben. Die anderen aus der Klasse mögen ihn auch nicht, weil er immer so mies drauf ist.

Zum Glück ist heute aber von Lukas weit und breit nichts zu sehen.

Zu Hause springt Florian erst einmal unter die Dusche, während Lena zu Mama in die Küche läuft. „Wir haben gewonnen!", jubelt sie und schnappt sich ein Stück Apfelkuchen.
„Erst Hände waschen", ermahnt Mama sie, muss dann aber doch lachen. Da steht ihre Tochter und freut sich ein Loch in den Bauch, weil ihr Bruder beim Fußballspielen gewonnen hat. Lenas Mutter ist richtig stolz auf ihre Zwillinge.
„Übrigens, da ist Post für euch. Ein Brief ist für dich, der andere für Florian", sagt sie und lächelt geheimnisvoll.

Der geheimnisvolle Schatz

Auf dem Briefumschlag ist oben links in der Ecke ein Bild vom heiligen Sankt Martin aufgedruckt. Sankt Martin, so heißt auch ihre Kirchengemeinde. Lenas Bauch fängt an zu kribbeln. Nächstes Frühjahr werden Florian und sie dort zum ersten Mal zur Kommunion gehen. Das wird ein Riesenfest und Lena ist schon jetzt ganz aufgeregt. In der kommenden Woche soll der Vorbereitungskurs anfangen.

Ungeduldig reißt Lena den Umschlag auf und liest. Der Brief ist von Frau Bergmann, Mias Mutter. Mia geht auch in die 3a und ist echt nett. Lena war schon ein paarmal bei ihr zu Hause zum Spielen eingeladen. Nun wird Mias Mutter Lena und andere Kinder auf die Kommunion vorbereiten, jeden Mittwochnachmittag von vier bis fünf.

Da kommt Florian aus dem Bad. Lena gibt ihm seinen Umschlag und wartet gespannt. Auch er ist bei Frau Bergmann. Lena fällt ein Stein vom Herzen.

„Ich muss sofort rüber zu Chris. Bestimmt hat er auch einen Brief bekommen", meint Florian und saust los. Lena hinterher.

„Aber wir wollten doch Kuchen essen", ruft Mama aus der Küche. Doch das hören die beiden schon gar nicht mehr. Sie müssen unbedingt wissen, ob Chris und Hannes auch bei Frau Bergmann sind. Das ist jetzt viel wichtiger als Apfelkuchen. Schließlich gehen in Sankt Martin im nächsten Jahr 32 Kinder zur Erstkommunion. Bei so vielen Kommunionkindern wird es bestimmt mehrere Vorbereitungsgruppen geben. Hoffentlich sind sie alle vier in einer Gruppe!

Chris kommt ihnen schon auf halbem Wege entgegengerannt. Mit der rechten Hand schwenkt er einen Blatt Papier. „Seid ihr auch bei Frau Bergmann am Mittwoch?"

„Ja, sind wir", ruft Florian und bleibt stehen. Die Zwillinge warten, bis Chris sie eingeholt hat. Dann machen sie auf dem Absatz kehrt und laufen in die andere Richtung, zu Hannes. Hannes hat den Brief gerade erst geöffnet. „Frau Klimm am Dienstag", liest er vor. Oh nein! Florian, Lena und Chris sind entsetzt.

„Das geht nicht!", platzt es aus Florian heraus. „Die dürfen uns nicht trennen!" Die anderen drei nicken. Fieberhaft suchen die Freunde nach einer Lösung. Aber Hannes hat am Mittwoch Klavierunterricht und Lena und Florian am Dienstag Gitarre. Am Freitag haben die Jungs im Winter immer Training in der Halle, am Montag können Lena und Chris nicht und am Donnerstag gibt es keinen Kommunionkurs.

„So eine Kacke!", schimpft Florian und rauft sich die Haare. Doch alles Fluchen hilft nichts. Die vier finden einfach keinen Termin, an dem alle können. Schlecht gelaunt gehen Lena und Florian wieder nach Hause. Das gewonnene Fußballspiel scheint bereits Lichtjahre entfernt, und auch Mamas Apfelkuchen kann die miese Laune nicht vertreiben.

Am nächsten Mittwochnachmittag machen sich Lena, Florian und Chris ohne Hannes auf den Weg zum Gemeindehaus. Dort findet der Kommunionkurs in einem kleinen Raum im Erdgeschoss statt. Mia ist natürlich auch in der Gruppe, so wie Helene, Ben und Tom aus der 3b. Und Lukas. Ausgerechnet der!

Aber Frau Bergmann ist nett. Gleich in der ersten Gruppenstunde hat sie eine Überraschung für die Kinder. Mitten im Raum steht eine Holztruhe.

„Eine echte Schatzkiste!", meint Frau Bergmann geheimnisvoll. „Wer von euch möchte sie öffnen?" Sofort schnellen sieben Finger in die Luft. Doch Frau Bergmann nimmt Lukas.

„Der hat sich doch gar nicht gemeldet", mault Florian.

Lukas hockt sich vor die Kiste, öffnet den Deckel und schaut hinein. Die anderen sieben recken die Hälse, können aber nichts erkennen. Lukas' Oberkörper versperrt ihnen die Sicht. „Typisch! Dieser Blödmann!", denkt Florian.

„Zeig den anderen doch mal, was in der Schatzkiste drin ist", fordert Frau Bergmann Lukas da auf. Der Junge beugt sich vor, greift in die Kiste und holt etwas heraus. Dann dreht er sich langsam um.

In seinen Händen hält er ein dickes, rotes Buch mit goldenen Verzierungen auf dem Buchdeckel, goldenen Beschlägen an den Ecken und einem kleinen, goldenen Verschluss an der Seite.

„Wie bei einem Tagebuch", schießt es Lena durch den Kopf. Helene will wissen, ob das echtes Gold ist. Frau Bergmann lacht. „Ja, Helene, das Gold ist echt. Aber nicht nur deshalb ist dieses Buch so wertvoll und ein großer Schatz für uns. In diesem Buch stehen die vier Evangelien, also die Geschichten von Jesus. Die Erwachsenen nennen ein solches Buch Evangeliar, und davon gibt es ganz schlichte, aber auch kunstvoll verzierte wie dieses hier", erklärt sie den Kindern. So ein wertvolles Buch kommt eigentlich nur an großen Festen wie Weihnachten oder Ostern zum Einsatz. Aber Frau Bergmann und die anderen Gruppenleiter haben mit Pfarrer Schwartz gesprochen und ihn gebeten, während der Kommunionvorbereitung jeden Sonntag daraus vorzulesen. Schließlich ist das Motto des Kommunionkurses: „Gottes Wort ist unser Schatz."

Danach wird Pfarrer Schwartz das Buch auf einen Ständer neben das Lesepult stellen, damit jeder, der mag, die Geschichte noch einmal nachlesen kann. „Aber nur anschauen, anfassen darf man das Buch nicht!", ermahnt Frau Bergmann die Kinder. „Das heute ist eine große Ausnahme, verstanden?" Die Kinder nicken.

Ben fragt, ob die Geschichte vom barmherzigen Vater auch in dem Buch steht. Die haben sie nämlich gerade im Religionsunterricht gehört. Frau Bergmann schlägt vorsichtig die entsprechende Seite auf. Dort gibt es neben dem Text auch ein großes Bild, auf dem der Vater seinen nach Hause zurückgekehrten Sohn überglücklich in die Arme nimmt. Es

ist wunderschön, finden die Kinder. Und Lena ist ganz begeistert, dass sie in ihrer Kirche so einen besonderen Schatz haben.

Wer macht denn so was?

Einige Wochen später besucht Pfarrer Schwartz die Kommuniongruppe. Die Kinder mögen ihn und vor allem seinen Hund Pelle. Der kann Männchen machen und tanzen. Pelle natürlich, nicht Pfarrer Schwartz.

Aber Pfarrer Schwartz kann Fußball spielen. Jedes Jahr nimmt er mit seinen Messdienern am Mini-Cup teil, einem Turnier, bei dem nur Ministranten und Messdienergruppen mitspielen dürfen. Schon zweimal hat er mit seiner Truppe den Pokal gewonnen. Die vier Freunde überlegen schon, ob sie nach der Kommunion nicht vielleicht auch Messdiener werden sollen.

Doch heute muss Pfarrer Schwartz über etwas Wichtiges mit den Kindern sprechen. Seit Wochen blättert jemand jeden Sonntag nach der Messe im Evangeliar herum.

„Das ist vielleicht mal ganz spannend", meint Pfarrer Schwartz ernst. „Es ist ja auch ein ganz besonderes Buch. Aber mittlerweile haben sich schon einige Gottesdienstbesucher bei mir beschwert, weil am Ende immer eine völlig falsche Seite aufgeschlagen ist. Außerdem könnte das Buch beschädigt werden, wenn man beim Umblättern nicht besonders vorsichtig ist." Die Kinder schauen betreten in die Runde.

„Wer macht denn so was?", fragt Florian empört.

Doch Pfarrer Schwartz winkt ab. „Ich muss gar nicht wissen,

wer es war. Hauptsache, es hört auf, okay?" Alle nicken. Pfarrer Schwartz lächelt und verabschiedet sich dann.

Nach der Kommunionstunde treffen sich die vier Freunde bei Chris. Hannes ist auch da. Aber von dem Problem mit dem Evangeliar weiß er noch gar nichts. „Frau Klimm ist krank. Deshalb ist die Stunde gestern …" Mitten im Satz stoppt Hannes plötzlich und zieht die Stirn kraus. „Aber ich weiß vielleicht, wer es war", fährt er schließlich fort.

„Was?" Florian, Lena und Chris fällt die Kinnlade runter. Überrascht starren sie Hannes an.

„Vor drei Wochen habe ich zum ersten Mal gesehen, wie Lukas nach der Messe noch einmal zurück in die Kirche geschlichen ist. Ich hab mich total gewundert, denn da war

niemand mehr drin. Am nächsten Sonntag bin ich ihm dann heimlich gefolgt. Der Blödmann tat so geheimnisvoll und ich war neugierig", meint Hannes schulterzuckend.

„Lukas hat sich an der Wand entlang nach vorne geschlichen. Und vor dem Ständer mit dem Buch ist er dann plötzlich stehen geblieben. Ich hab noch gedacht, wenn er die Geschichte noch mal nachlesen will, braucht er doch nicht so ein Geheimnis daraus zu machen. Na ja, und dann bin ich halt wieder gegangen. Ich konnte ja nicht ahnen, dass er in dem Buch rumblättert."

„Dieser Idiot Lukas also, das passt!", brummt Florian.

„Das müssen wir Pfarrer Schwartz erzählen", meint Chris.

„Nun mal langsam", geht Lena dazwischen. „Ich mag Lukas auch nicht besonders. Aber wir wissen doch gar nicht, ob er es war. Oder hast du gesehen, wie er in dem Buch geblättert hat?" Hannes schüttelt den Kopf.

„Na also!"

„Dann müssen wir ihn eben auf frischer Tat ertappen!", meint Chris.

Lena stöhnt. Sie weiß nur zu gut, was das Leuchten in den Augen ihres besten Freundes bedeutet. Gilt es irgendwo ein Rätsel zu lösen oder ein Geheimnis zu lüften, dann ist Chris immer ganz vorne mit dabei. Er liebt es, Detektiv zu spielen. Oder zu kriminalisieren, wie er es nennt. Seine absoluten Lieblingsbücher sind Krimis und er besitzt eine richtige Detektivausrüstung mit Lupe, Pinsel und Pulver für Fingerabdrücke. „Als Detektiv braucht man so was", sagt er immer.

„Also legen wir uns nächsten Sonntag nach der Messe auf die Lauer?" Florian schaut fragend in die Runde. Lena, Hannes und Chris sind einverstanden.

Während alle anderen Gottesdienstbesucher die Kirche verlassen, werden Lena und Florian sich vorne in der ersten Reihe verstecken. Chris und Hannes schleichen dann hinter Lukas her, wenn dieser wieder zum Lesepult geht – so weit der Plan.

Doch dann kommt alles ganz anders.

Als die vier am nächsten Sonntag an der Kirche ankommen, parkt direkt davor ein Polizeiwagen. Die Türen sind geschlossen, die Glocken läuten nicht und Herr Wirsing, der Küster, läuft mit knallrotem Kopf zwischen den wartenden Gottesdienstbesuchern hin und her. Alle reden wild durcheinander. Die Freunde schauen sich verwundert um. Da ist Mia. Sie steht mit ihrer Mutter mitten zwischen den Leuten. Auch Mia entdeckt die vier und kommt gelaufen. „Habt ihr schon gehört? Jemand hat das Evangeliar geklaut. Es muss gerade eben erst passiert sein!"

„Was?" Die vier Freunde starren ihre Klassenkameradin an, als habe die sich gerade direkt vor ihren Augen in einen glupschäugigen Alien mit acht Armen verwandelt.

„Wirklich! Herr Wirsing hatte das Buch schon vorne aufs Lesepult gelegt, musste dann aber noch mal kurz rüber ins Pfarrhaus, um dem Chor mit dem Klavier zu helfen. Die singen sich dort vor der Messe immer ein. Und als er wieder in die Kirche kam, war es weg! Und das ausgerechnet jetzt, so kurz vor Weihnachten!"

„Ist ja 'n Ding!" Florians Nase kribbelt. Das tut sie immer, wenn er aufgeregt ist. Und im Augenblick ist er extrem aufgeregt. Denn er hat etwas gesehen. Oder besser, er hat jemanden nicht gesehen! Florian muss niesen.

Da kommt Frau Bergmann zu ihnen. Sie ist ganz blass um die Nase und auf ihrer Stirn haben sich tiefe Falten gebildet. „Die Messe fällt heute leider aus. Die Polizei muss erst noch den Tatort sichern", erklärt sie den Kindern und fährt sich mit der Hand durchs Haar. Dann schaut sie sich suchend um. „Hat jemand von euch Lukas gesehen? Er ist der Einzige, mit dem ich noch nicht gesprochen habe."

Die Freunde schütteln den Kopf. Frau Bergmann schließt einen Moment die Augen und holt tief Luft. „Dann wünsche ich jetzt wenigstens euch noch einen schönen vierten Advent", verabschiedet sie sich schließlich und folgt Herrn Wirsing ins Gemeindehaus.

„Tschüss Mia, wir sehen uns morgen in der Schule." Plötzlich hat es auch Florian furchtbar eilig, von hier wegzukommen. Er muss ganz dringend etwas mit seinen Freunden besprechen. Aber nicht hier, wo es alle hören können. „Kommt, wir gehen zu uns nach Hause", raunt er Lena, Chris und Hannes zu.

Kaum haben sie die Tür von Florians Zimmer hinter sich geschlossen, platzt es auch schon aus ihm heraus: „Lukas war nicht da! Wir haben alle vor der Kirche gestanden und gewartet. Nur Lukas nicht!"

Lena verdreht die Augen. „Das wissen wir doch schon."

„Sind wir etwa deshalb den ganzen Weg gerannt?", keucht Chris und hält sich die stechende rechte Seite.

„Ja, kapiert ihr denn nicht? Lukas war nicht vor der Kirche, oder besser gesagt, er war nicht mehr vor der Kirche! Dämmert's?"

Hannes stößt einen leisen Pfiff aus. „Du meinst, Lukas ist der Dieb?"

„Könnte doch sein. Schließlich hat er sich die letzten Sonntage immer da vorne rumgetrieben."

Lena runzelt die Stirn. „Und wie konnte Lukas das Buch unbemerkt aus der Kirche schaffen? Er hat es sich ja wohl kaum unter den Arm geklemmt und ist dann einfach so rausspaziert."

„Nicht unterm Arm, aber in einem dunkelblauen Rucksack. Den schleppt Lukas doch immer und überall mit sich herum. In so einen Rucksack passt das Buch locker rein." Lena hält die Luft an. Florian könnte tatsächlich recht haben.

„Doch wie beweisen wir das?", stellt Chris schließlich die alles entscheidende Frage.

Die vier zermartern sich die Köpfe, doch ihnen fällt einfach nichts Brauchbares ein.

Schließlich ist Florian so genervt, dass er aufspringt, sein Mathebuch schnappt und aus dem Zimmer stürmen will.

„He, was wird das denn?", hält Lena ihn auf.

„Ich geh dem Blödmann jetzt einen Besuch abstatten."

„Du tust was?" Die anderen starren Florian ungläubig an.

„Ich tu einfach so, als hätten wir beide in Mathe was nicht verstanden. Im Gegensatz zu Deutsch hat Lukas das doch voll darauf. Vielleicht kann ich mich dabei ein bisschen bei ihm umschauen", erklärt Florian seinen Plan.

Lena kichert. Sie muss daran denken, wie Lukas immer anfängt zu stottern, wenn er auch nur zwei Sätze lesen soll. Wie ein Erstklässler.

„Und du meinst, das klappt?"

„Hast du eine bessere Idee?" Hannes schüttelt den Kopf.

„Also dann, ich gehe jetzt zu Lukas und ihr wartet hier auf mich." Lena, Chris und Hannes nicken.

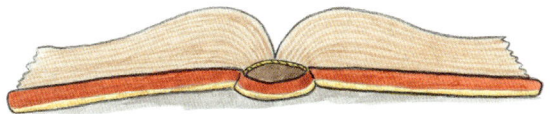

Tauziehen mit Rucksack

Keine drei Minuten und zwanzig Treppenstufen später steht Florian vor Lukas' Tür. Jetzt ist ihm doch etwas mulmig. Sein Herz rast wie nach einem Hundertmeterlauf und seine Hände sind ganz kalt. „Augen zu und durch, kneifen gilt nicht!", macht er sich Mut und drückt schnell auf die Klingel, bevor er es sich anders überlegen kann.

Lukas' Mutter öffnet. „Das ist aber schön, dass du uns mal besuchst. Komm doch rein", freut sie sich.

„Danke, gern." Florian lächelt freundlich, gibt Lukas' Mutter aber lieber nicht die Hand. Die ist jetzt so kalt, als hätte man sie in Eiswürfeln gebadet.

„Kann ich Lukas kurz was wegen Mathe fragen?"

„Sicher. Er ist in seinem Zimmer." Sie zeigt auf eine verschlossene Türe am Ende des Flurs und verschwindet selbst hinter einer anderen.

„Küche", denkt Florian. Es riecht nach gebratenem Schweinefleisch, Rotkohl und Klößen. Florians Magen knurrt.

Lukas sitzt am Schreibtisch, als Florian ohne anzuklopfen das Zimmer betritt. Völlig überrascht wirbelt er herum und mustert den ungebetenen Gast misstrauisch. „Du? Was willst du denn hier?", faucht er. Die Jungs stehen sich gegenüber wie zwei feindliche Generäle kurz vor der Schlacht. Florian denkt überhaupt nicht mehr an Mathe und seinen Plan.

„Du warst heute nicht in der Kirche", zischt er.

„Und? Was geht dich das an?", gibt Lukas patzig zurück.

„Ne Menge. Jemand hat nämlich das Evangeliar geklaut!"

Lukas zuckt zusammen und wird kreidebleich.

„Hast du was damit zu tun?"

„Ich? Sag mal, spinnst du?"

„Man hat dich gesehen, wie du sonntags nach der Messe immer vorn beim Lesepult rumgeschlichen bist."

Jetzt sieht Lukas aus wie ein Gespenst in einem roten Pulli. Flüchtig, nur für den Bruchteil einer Sekunde, wandert sein Blick rüber zum Bett. Doch Florian hat es bemerkt. Vor dem Bett steht der blaue Rucksack.

Florian lässt das Mathebuch fallen und spurtet los, Lukas ebenfalls. Jeder erwischt einen Träger und zieht verbissen daran. Der Träger schneidet in Florians Hände und schnürt ihm die Finger ab.

„Gleich reißt das Ding mittendurch", denkt er. Dann lässt er plötzlich los.

Lukas fliegt hintenüber, der Rucksack schießt quer durch den Raum und knallt dort gegen die Wand. Sofort rennt Florian los, schnappt sich den Rucksack und zieht den Reißverschluss auf.

Lukas sitzt völlig benommen am Boden. Aus seiner Nase tropft Blut. Er hat sie sich beim Sturz am Stuhl gestoßen.

„Mist!" Florian ist sichtlich enttäuscht. In dem Rucksack sind nur ein Zeichenblock und ein Mäppchen mit Stiften, aber kein Buch.

„Was hast du denn erwartet, du Sherlock Holmes für Arme?", zischt Lukas, rappelt sich hoch und wischt sich das Blut aus dem Gesicht.

Im ersten Moment will Florian sich verteidigen. Schließlich hat doch alles so gut zusammengepasst. Aber dann hält er lieber den Mund. Wie Lukas da so vor ihm steht, stocksauer und mit blutender Nase, würde Florian am liebsten im Erdboden versinken. Als Detektiv darf man keine voreiligen Schlüsse ziehen, das steht in jedem popeligen Krimi. Chris wird ihn zur Schnecke machen, wenn er davon erfährt. Er könnte sich ja selbst dafür in den Hintern beißen, dass er Lukas einfach so verdächtigt hat.

Lukas reißt ihm den Rucksack aus der Hand. „Genug gesehen?" Florian nickt stumm und wird knallrot. „Dann kannst du ja jetzt verschwinden!" Wieder nickt Florian und geht zur Tür. Doch dann dreht er sich noch mal um.

„Du, Lukas?"

„Was denn noch?"

„Warum schleppst du eigentlich deine Malsachen mit in die Kirche?"

„Das geht dich gar nichts an! Hau endlich ab!"

Mit hochrotem Kopf schleicht sich Florian aus der Wohnung. „Das habe ich gründlich verbockt!", denkt er und seufzt.

In seinem Zimmer warten Lena, Chris und Hannes schon ungeduldig auf ihn, und Chris ist tatsächlich nicht begeistert. „Wie kann man nur so blöd sein?", schimpft er und schüttelt den Kopf.

Florian steht mit hängenden Schultern da und schweigt. Was soll er auch sagen? Chris hat ja recht!

„Aber jetzt wissen wir wenigstens, dass Lukas das Buch nicht gestohlen hat", versucht Lena die Situation zu retten.

„Wissen wir das wirklich?", fragt Chris ernst und schaut zu Lena rüber. „Lukas könnte das Buch doch auch irgendwo versteckt haben."

„Das glaub ich nicht", sagt Florian leise, aber bestimmt. „Er war wirklich total überrascht, als ich ihm von dem Diebstahl erzählt habe." Da fällt ihm auf, dass er sein Mathebuch bei Lukas vergessen hat. „Auch das noch!", stöhnt Florian. „Jetzt muss ich noch mal zu Lukas und ihn bitten, es mir wiederzugeben."

„Mach das doch morgen früh in der Schule", schlägt Lena vor. „Vielleicht hat Lukas sich bis dahin wieder etwas beruhigt."

„Gute Idee." Florian atmet auf.

Der Unbekannte mit der Lederjacke

Am nächsten Morgen noch vor Schulbeginn geht Lukas zu Florian. „Das hast du gestern bei mir vergessen", sagt er und hält ihm das Mathebuch hin.

Florian wird rot wie eine Tomate, so peinlich ist ihm das Ganze. „Danke", murmelt er verlegen. Lukas nickt nur und geht zu seinem Platz.

Lena beugt sich zu ihrem Bruder vor. „Das war jetzt aber echt nett von ihm!", flüstert sie.

„Ja, schon gut", knurrt Florian und Lena verdreht die Augen. Florian fühlt sich schrecklich. Das ist wieder mal typisch für ihn! Wieso kann er nicht einfach zu Lukas gehen und sich entschuldigen? Aber dann betritt Frau Nebeling die Klasse und der Unterricht beginnt.

In der Pause stecken die vier Freunde die Köpfe zusammen. „Nur mal angenommen, Lukas ist wirklich unschuldig, wer könnte das Buch denn dann gestohlen haben?", fragt Lena in die Runde.

Florian zuckt mit den Schultern. „Keine Ahnung."

Auch Chris und Hannes sind ratlos. Da kommt Lukas zu ihnen rüber. „Was will der denn?", mault Chris und verzieht das Gesicht. Er kann einfach nicht vergessen, dass Lukas

Lena damals ohne Grund einen dicken blauen Fleck verpasst hat. Doch Lukas lässt Chris einfach links liegen und wendet sich an Florian. „Ihr sucht doch nach dem verschwundenen Buch aus der Kirche, oder?"

„Und was geht dich das an?", schnauzt Chris.

„Jetzt lass doch mal", sagt Florian und legt seinem Freund beruhigend die Hand auf die Schulter. Chris bleibt der Mund offen stehen.

„Was ist denn in dich gefahren?", meint er überrascht.

Aber Florian weicht Chris' Blick aus und konzentriert sich stattdessen ganz auf Lukas. „Ja, tun wir. Weißt du was darüber?"

„Kann sein. Ich bin mir nicht sicher. Vielleicht hat es auch gar nichts mit dem Diebstahl zu tun."

„Ach kommt schon, der will sich nur wichtigmachen", nörgelt Chris und will gehen.

Florian hält ihn zurück. „Erzähl doch mal", drängt er Lukas.

„Also, vorletzten Sonntag, ihr wisst schon, als das Buch noch da war … da ist nach der Messe auf einmal so ein Typ neben mir aufgetaucht. Der hat sich auch für das Buch interessiert. Mich hat er dabei richtig wütend angeschaut, da habe ich lieber meine Sachen geschnappt und bin abgehauen."

„Hast du den Kerl erkannt?" Hannes' Interesse ist geweckt.

„Nee. Ich kenn ja hier noch kaum jemanden. Aber er war ungefähr so alt wie mein Bruder und trug so eine komische Lederjacke."

„Du hast einen Bruder?", fragt Florian erstaunt. „Aber du wohnst doch ganz allein bei deiner Mutter."

„Ja, schon, leider!" Lukas lässt die Schultern hängen. „Mein Bruder Max ist siebzehn und nach der Trennung von meinen Eltern ist er bei meinem Vater in Leipzig geblieben. Er macht dort eine Lehre als Automechaniker. Wisst ihr, er hatte riesengroßes Glück, dass er die Stelle bekommen hat. Und deshalb wollte Max sie auch nicht aufgeben und mit Mama und mir nach Moorburg kommen." Lukas macht eine Pause, bevor er leise weiterspricht. „Aber ich musste mit, ohne Papa und Max."

Florian schluckt. „Warst du deshalb so mies drauf? Weil du deinen Bruder und deinen Vater vermisst?" Lukas nickt.

Chris presst die Lippen zusammen und schaut weg. Plötzlich kann er Lukas verstehen. Wenn seine Eltern sich trennen würden, wäre er auch furchtbar wütend – und traurig. Und wenn er dann auch noch wegziehen müsste … Er schaut kurz zu Lena rüber. Das wäre schrecklich! „Aber immer noch kein Grund, jemanden ins Geländer zu schubsen", murmelt er dann.

„Was? Ach so, nein. Tut mir echt leid", stammelt Lukas.

Florian rollt mit den Augen. „Und was war das nun für eine komische Lederjacke?", kommt er wieder aufs eigentliche Thema zurück.

„Sie war schwarz und an den Ärmeln hatte sie so komische Fransen. Die waren auch aus Leder. Ja, und dann waren da noch überall Aufnäher drauf mit Totenköpfen und Teufelsfratzen und so. Und auf dem Rücken stand in blauer Schrift ‚Bad' irgendwas. Sagt euch das was?"

Florian kaut auf seiner Unterlippe. Das tut er immer, wenn er angestrengt nachdenkt. „Nee, leider nicht. So eine Jacke hab ich noch nie gesehen", sagt er schließlich. Und auch Lena, Chris und Hannes schütteln die Köpfe.

„Ach egal! Ist ja auch gar nicht gesagt, dass der Typ überhaupt was mit dem Diebstahl zu tun hat."

„Und wenn doch?" So schnell will Florian nicht aufgeben.

„Ich finde, du solltest Pfarrer Schwartz von dem Mann erzählen", meint Lena.

Lukas schüttelt entsetzt den Kopf. „Das geht nicht!"

„Warum denn nicht?" fragt Lena überrascht.

„Hat das vielleicht etwas damit zu tun, dass du jeden Sonntag deine Malsachen mit in die Kirche schleppst?", vermutet Florian. Lukas nickt.

„Du hast in dem Buch herumgeblättert, stimmt's?"

Lukas schluckt und schaut flehend zu Florian. „Ihr verratet mich doch nicht, oder?" Florian schüttelt den Kopf. Nach der Aktion gestern ist er Lukas was schuldig.

„Du hast also Sonntag für Sonntag die Bilder aus dem Evangeliar abgemalt?"

„Nicht die Bilder, nur das vom barmherzigen Vater. Du weißt schon, das aus der Gruppenstunde", erklärt Lukas. „Dabei hatte ich nie viel Zeit. Ich musste ja immer zum Mittagessen zu Hause sein. Da hab ich's mit dem Zurückblättern halt nicht so genau genommen."

Florian nickt. „Verstehe."

„Mir war aber auch gar nicht klar, dass das Ärger geben könnte", fährt Lukas kleinlaut fort. „Und als Pfarrer Schwartz uns dann erzählt hat, dass sich Leute beschwert haben, hat mir das voll leidgetan. Ich habe mir fest vorgenommen, das Buch nicht mehr anzurühren."

„Warst du deshalb gestern nicht in der Kirche?"

Lukas lacht. „Nee, ich hab mir vorgestern den Magen verdorben und die halbe Nacht gekotzt."

Jetzt müssen auch die anderen grinsen. Es gibt für alles eine logische Erklärung. Und Lukas ist eigentlich ganz okay, findet Florian. „Hey, kann ich dein Bild mal sehen?"

Lukas zögert. „Heute nach der Schule?"

„Okay, dann nach der Schule."

„Ich bin immer noch der Meinung, wir sollten es Pfarrer Schwartz sagen", startet Lena einen weiteren Versuch. „Er ist wirklich ganz in Ordnung. Er wird dir schon nicht gleich den Kopf abreißen, nur weil du in dem Buch herumgeblättert hast."

Lukas schaut betreten zu Boden. „Deswegen vielleicht nicht. Aber wegen dem Fleck bestimmt!"

„Was denn für ein Fleck?"

„Ich hab nicht aufgepasst und mit meinem Bleistift aus Versehen einen Strich auf die Seite gemacht", murmelt Lukas und lässt den Kopf hängen.

Jetzt versteht Lena gar nichts mehr. „Aber Bleistift kann man doch wegradieren."

„Was glaubst du, was ich versucht habe! Es hat aber nicht funktioniert. Im Gegenteil, aus dem Strich ist ein fieser, schmieriger Fleck geworden." Lukas klingt jetzt richtig verzweifelt und seine Augen glänzen feucht. Lena hält die Luft an. Nun versteht sie Lukas' Problem. Ein Fleck im Evangeliar, das ist schon eine mittlere Katastrophe!

Doch Hannes bleibt ganz gelassen. „Da kann man bestimmt was machen. Meine Mutter malt viel, auch Bilder mit Kohle und so. Dafür brauchte man so einen speziellen Radierer. Der ist blau und fast wie Knetgummi. Damit bekommt man deinen Fleck bestimmt auch weg, wirst sehen."

„Dazu müsste das Buch aber erst mal wieder da sein", wirft Florian ein und kaut auf seiner Unterlippe.

Bad Boyz

„Ich gehe also zu Pfarrer Schwartz und erzähle ihm von dem Mann in der Lederjacke", fasst Florian noch einmal zusammen. „Von Lukas sag ich natürlich nichts. Nur, dass jemand, den ich kenne, es mir erzählt hat."

„Schaden kann's jedenfalls nicht", meint Hannes, und auch die anderen stimmen zu.

„Okay, dann schau ich heute Nachmittag mal beim Pfarrhaus vorbei. Vielleicht hab ich ja Glück und der Pfarrer ist da", sagt Florian und überlegt kurz. „Lukas, kannst du die Jacke vielleicht zeichnen? Dann kann ich einfach dein Bild zeigen. Schließlich hab ich die Jacke nie gesehen."

„Klar kann ich das."

Gleich nach der Schule geht Florian mit zu Lukas und schaut sich das Bild vom barmherzigen Vater an. Florian ist baff. „Mensch Lukas, du bist ja ein echter Künstler!"

Lukas strahlt, doch dann verfinstert sich sein Gesicht. „Leider kann ich es ohne Vorlage nicht fertig malen."

„Wir finden das Buch schon! Ganz bestimmt!" Dabei klopft Florian seinem neuen Freund aufmunternd auf die Schulter.

Lukas schnappt sich seine Bleistifte und beginnt zu zeichnen, zuerst die Vorderseite und dann die Rückseite der Jacke. Florian steht daneben und staunt Bauklötze. „Voll krass, wie du das kannst!"

Mit Lukas' Zeichnung und leicht zitternden Knien macht sich Florian dann am frühen Nachmittag auf den Weg zum Pfarrhaus. Pfarrer Schwartz wohnt in einem kleinen Häuschen direkt gegenüber der Kirche. Florian kennt es gut, besonders den Garten. Am Ostersonntag dürfen dort immer alle Kinder nach der Messe bunte Eier und Schokohasen suchen.

Florian schellt. Sofort fängt Pelle an zu bellen und Florian hört die freundliche Stimme des Pfarrers. „Brav, mein Junge. Lass uns mal nachschauen, wer uns beide da besuchen kommt." Die Tür geht auf und eine weiß-schwarze Fellkugel schießt heraus. Florian muss lachen, er liebt Hunde. Schnell bückt er sich und krault Pelle sanft den Rücken. Der leckt ihm zum Dank dafür einmal quer übers Gesicht.

„Pelle, pfui. So was macht man doch nicht", schimpft Pfarrer Schwartz. Doch sein Schmunzeln verrät, dass er Pelle nicht wirklich böse ist. Dann wendet er sich an Florian. „Was kann ich denn für dich tun?"

Florian holt tief Luft: „Ein Freund von mir hat gesehen, wie jemand vorne beim Lesepult herumgeschlichen ist."

„Wirklich?", fragt Pfarrer Schwartz überrascht.

Florian nickt und zeigt ihm das Bild. „So eine Jacke hatte er an."

„Und dein Freund hat gesehen, wie der Mann das Evangeliar gestohlen hat?"

„Das nicht. Aber er hat beobachtet, wie der sich das Buch ganz genau angeschaut hat. Das war eine Woche bevor es gestohlen wurde."

„Aber Florian!", sagt Pfarrer Schwartz ernst. „Man darf doch nicht einfach so jemanden verdächtigen. Der Mann hat vielleicht nur die Messe besucht. Und das Evangeliar lag vorne auf dem Lesepult, damit es sich jeder ansehen kann. Wirklich jeder! Auch ein Mann in Lederjacke, verstehst du?"

Florian wird rot.

„Ich kann ja verstehen, dass ihr helfen wollt. Glaub mir, ich möchte das Buch auch wiederhaben. Aber einfach ohne Beweise jemanden beschuldigen, das geht nicht!"

Florian nickt wieder. Ihm ist die ganze Sache furchtbar unangenehm. Schnell verabschiedet er sich und rennt mit hochrotem Kopf davon.

Als er wenig später seinen Freunden von dem Gespräch erzählt, ist er immer noch ganz außer Atem und ziemlich kleinlaut. „Mann, war das peinlich! Aber Pfarrer Schwartz hat recht. Wir wissen nicht, wer der Mann in der Lederjacke ist. Und auch nicht, was er in der Kirche wollte."

„Dann müssen wir es eben herausfinden", schlägt Chris vor. „Die Jacke ist so auffällig, die kann man doch gar nicht übersehen."

„Und wo willst du anfangen? Moorburg ist zwar nicht gerade riesig, aber so klein, dass man einfach drauflossuchen kann, ist es nun auch wieder nicht", bremst Lena seinen Tatendrang.

„Vielleicht kann uns ja mein Vater helfen." Chris' Vater schreibt für eine große Tageszeitung in Moorburg und kennt durch seinen Beruf eine Menge Leute.

„Er weiß vielleicht, wer solche Jacken trägt."

Die anderen finden die Idee super, und Chris verspricht, seinem Vater beim Abendbrot Lukas' Zeichnung zu zeigen. „Vorher geht leider nicht, da ist er noch in der Redaktion." Die fünf sind schon richtig aufgeregt, aber jetzt heißt es erst mal abwarten.

Die nächsten Stunden ziehen sich wie Kaugummi. Doch schließlich ist es Abend. Unruhig rutschen die Zwillinge beim Abendbrot auf ihren Stühlen hin und her und warten, dass das Telefon endlich klingelt. Aber erst als Lena schon im Bad ist, kommt der erlösende Anruf.

Florian geht ran. „Ja, Chris … Was, wirklich? … Ist ja toll!" Er legt auf und saust zu Lena ins Bad.

Lena quiekt vor Schreck und schlüpft schnell in ihr Schlafanzugoberteil. „He, geht's noch?"

„Reg dich ab. Das war Chris. Sein Vater hat die Jacke tatsächlich erkannt! Er hat vor ein paar Jahren eine Reportage über ein paar Rocker in der Gegend gemacht und die Bad Boyz tragen genau solche Jacken." Jetzt sprudeln die Neuigkeiten nur so aus Florian heraus und er muss höllisch aufpassen, dass er sich nicht verhaspelt, so aufgeregt ist er.

„Die sind echt schräg drauf! Chris' Vater wusste sogar noch, dass sie sich jeden Samstag auf dem alten Gießereigelände treffen und da Rennen fahren. Und der Anführer Kralle saß sogar schon mal im Gefängnis."

Lena traut ihren Ohren kaum. „Ist ja irre! Und was machen wir jetzt?"

„Jetzt rufe ich Hannes an und geh danach runter zu Lukas. Die beiden müssen doch auch wissen, was Chris' Vater gesagt hat."

„Ja, schon klar!" Lena verdreht die Augen. „Ich meine ja auch, was machen wir jetzt mit dieser Info?"

Florian zuckt mit den Schultern. „Erst mal gar nichts, schätze ich. In drei Tagen ist Heiligabend. Dann sind zwei Wochen Ferien und wir fahren zu Oma Elfi. Und die anderen sind auch nicht da."

Weihnachtsferien! Die hat Lena glatt vergessen. Sie ist auch noch gar nicht richtig in Weihnachtsstimmung. Viel lieber würde sie mit den anderen weiter nach dem gestohlenen Buch suchen.

Ein Kommunionkleid und ein Einbruch

Am Nachmittag des Heiligen Abends gehen alle Kommunionkinder mit ihren Familien zur Krippenfeier in die Kirche. Im Altarraum steht ein riesiger Tannenbaum, der fast bis zur Decke reicht. „Wie die den wohl hier reinbekommen haben?", fragt sich Florian.

Der Baum ist mit Hunderten von Strohsternen und einer langen Lichterkette geschmückt und sieht richtig festlich aus. Links daneben steht die Krippe und wirkt neben dem Baum echt winzig.

Dann tritt Pfarrer Schwartz ans Lesepult. „Ich freue mich sehr, dass so viele heute zu unserer Feier gekommen sind", begrüßt er die Gemeinde freundlich. „Leider ist unser Evangeliar immer noch verschwunden, sodass ich heute nicht daraus vorlesen kann. Die Polizei hat unglücklicherweise noch keine Hinweise auf den oder die Täter."

„Die haben ja auch keinen Lukas", denkt Florian und grinst. Um ihn herum tuschelt und flüstert es. Es herrscht ein Ge-

summe und Gebrumme wie in einem Bienenstock. Pfarrer Schwartz räuspert sich hörbar. „Trotzdem wollen wir heute fröhlich das Weihnachtsfest feiern", ruft er der Gemeinde zu. Dann fängt die Orgel an zu spielen und das Krippenspiel der Kindergartenkinder beginnt.

Nach dem Gottesdienst verabschieden sich die Zwillinge von ihren Freunden. Chris fährt in den Skiurlaub, Hannes zu seinen Großeltern an die Nordsee und Lukas bleibt Weihnachten bei seiner Mutter zu Hause. Aber an Silvester fährt er mit dem Zug nach Leipzig zu Max und seinem Vater. Er freut sich schon sehr darauf, aber nur heimlich. Seine Mutter soll nämlich nicht traurig sein. Und die Zwillinge fahren zu Oma Elfi nach München.

Am nächsten Morgen geht es ganz früh los. Florian und Lena sind noch hundemüde, der Abend gestern war lang. Lenas Patenonkel Matthias war da und sie haben zusammen Weihnachten gefeiert. Onkel Matthias hat Lena sein altes Handy geschenkt, wovon ihre Mutter nicht gerade begeistert war. „Dafür ist Lena doch noch viel zu jung", hat sie gesagt. „Und außerdem will Florian dann bestimmt auch eins."

Aber Florian wollte keins. Er war viel zu beschäftigt mit seinen neuen Torwarthandschuhen, um auch nur einen Gedanken an ein blödes Handy zu verschwenden.

So durfte Lena das Handy schließlich behalten und wollte sofort bei Chris anrufen. „Das kannst du morgen früh immer noch machen", meinte Mama. Noch vor der Abfahrt hat

Lena deshalb mit Chris, Hannes und Lukas telefoniert und ihnen stolz ihre neue Handynummer gegeben. Dass sie die Jungs dafür extra aus dem Bett geholt hat, war ihr egal.

Die Fahrt nach München dauert schließlich ganze acht Stunden. Als sie endlich in der Tulpengasse 41 ankommen, steht Oma Elfi schon in der Tür und strahlt. „Da seid ihr ja! Florian, bist du aber groß geworden. Noch ein paar Zentimeter und du kannst deiner alten Oma auf den Kopf spucken. Und du auch, Lena." Die Zwillinge grinsen und drücken ihrer Oma rechts und links einen dicken Kuss auf die Wange.
„Jetzt kommt erst mal rein. Ich hab Kaffee und Kuchen und für euch beide heißen Kakao. Ihr müsst euch doch stärken, bevor ich euch später in einer zünftigen Schneeballschlacht besiege. Die Munition dafür habe ich schon mal vorbereitet."
Florian und Lena halten sich den Bauch vor Lachen. Da liegen doch tatsächlich zwei Berge Schneebälle im Vorgarten und warten auf ihren Einsatz.
Wenig später sitzen alle vor einem riesigen Stück Schokotorte und lassen es sich schmecken.
„Hast du eigentlich schon ein Kommunionkleid?", fragt Oma Elfi neugierig und schiebt sich ein Stück Torte in den Mund. Lena schluckt. Das ist kein gutes Thema für einen gemütlichen Weihnachtsnachmittags-Kaffeeklatsch.
Mama verdreht die Augen und stöhnt: „Nein, leider nicht! Meine Tochter möchte nämlich gar kein Kommunionkleid!"
„Das ist nicht wahr!", protestiert Lena. „Ich will nur kein Rü-

schen-Walla-Walla-Kleid mit Schleier und so." Dabei funkeln ihre Augen wie zwei kleine Vulkane kurz vor dem Ausbruch. Oma Elfi nickt. „Verstehe. Und wie wäre es mit einer weißen Bluse mit Rock oder einem ganz schlichten Kleid?" Die Idee gefällt Lena.

Mama seufzt und gibt sich geschlagen. „Also gut, dann können wir übermorgen ja mal nach einem schlichten Kleid schauen."

„Fein!" Oma Elfi klatscht begeistert in die Hände. „Ich geh für mein Leben gern einkaufen." Dabei zwinkert sie Lena verschwörerisch zu.

Lena stürmt einmal um den Tisch und wirft sich in ihre Arme. „Omi, du bist einfach die Beste!"

Zwei Tage später läuft Lena staunend mit Oma Elfi und Mama die Kaufingerstraße rauf. So viele Modegeschäfte nebeneinander hat sie noch nie gesehen.

Papa und Florian sind nicht dabei. Sie wollen sich lieber die Allianzarena ansehen, das Stadion, in dem der FC Bayern München spielt und trainiert. Das ist eher was für Männer, findet Papa. Dabei hätte Lena das Stadion auch gerne gesehen. Aber Florian wird ihr wenigstens etwas aus dem Fanshop mitbringen. Das hat er ihr fest versprochen. Sie findet die Bayern nämlich super. Florian steht eigentlich mehr auf Dortmund.

Doch nun braucht Lena erst mal ein Kommunionkleid. Das ist wichtiger! Und jetzt, wo Oma Elfi ihr hilft, finden sie bestimmt auch ein Kleid, das ihr und ihrer Mutter gefällt.

Im ersten Geschäft gibt es nur Walla-Walla-Kleider, einige sogar mit Reifrock und allem Klimbim. Mama bekommt leuchtende Augen und streicht hier und da verstohlen über den glänzenden Stoff. „Willst du nicht doch mal eins anprobieren?", fragt sie vorsichtig. Lena verdreht die Augen und schüttelt energisch den Kopf.

In den nächsten drei Geschäften ist es nicht anders. So langsam glaubt Lena, dass sie nie ein Kommunionkleid finden wird, das ihr gefällt. Außerdem tun ihr die Füße weh und sie hat Durst.

„Noch dieses eine", bittet Oma Elfi. „Wenn wir da auch nichts finden, gehen wir ins nächste Café, und du bekommst eine große Limo." Lena ist einverstanden.

Auch in diesem Laden hängen in den Gängen lauter kleine Brautkleider. Aber Lena will keine Braut sein! „Wenn das so weitergeht, ziehe ich zur Kommunion eine Hose an", denkt sie trotzig. Da kommt ein junger Mann auf sie zu. Ein Verkäufer, das ist mal was anderes! Er lächelt, als Lena ihm von ihrem Wunsch nach einem schlichten Kommunionkleid erzählt.

„Kann ich verstehen", sagt er und grinst. „Mal schauen, ob ich dem jungen Fräulein weiterhelfen kann." Er bittet die drei, einen Augenblick zu warten, und verschwindet in einem der Gänge.

Kurze Zeit später ist er wieder da. Über seinem Arm hängen zwei Kleider, ein Rock und eine Bluse. „Das ist es!" Lena zeigt

auf eins der beiden Kleider und strahlt. Es ist knielang, hat halblange Ärmel und ist ganz schlicht.

„Eines unserer neuen Sommerkleider. Eine gute Wahl", meint der Verkäufer und lacht. „Vielleicht noch eine einfache weiße Strickjacke dazu?" Perfekt! Lena ist rundum glücklich.

Mama schaut ein letztes Mal wehmütig auf die langen, seidig schimmernden Kommunionkleider. Dann folgt sie dem jungen Mann zur Kasse. Lena bekommt noch ein Paar weiße Schuhe und könnte platzen vor Freude. „Papa und Florian werden Augen machen", denkt sie stolz.

Doch es dauert noch etwas über eine Stunde, bis die beiden nach Hause kommen. Lena wartet schon ganz ungeduldig, und als endlich die Tür aufgeht, wirft sie sich jubelnd in die Arme ihres Vaters. „Ich hab ein Kleid!", ruft sie.

„Gott sei Dank!"

„Ein bisschen mehr Begeisterung, wenn ich bitten darf", fordert Lena lachend und knufft ihren Vater in die Seite. Dann schlüpft sie schnell in Kleid und Schuhe und lässt sich bewundern.

„Ich hab auch was für dich", sagt Florian schließlich und hält Lena eine Tüte mit dem Bayern-Logo unter die Nase.

„Cool! Ein Bayern-Kissen!" Lena freut sich riesig.

„Aber nur fast so cool wie mein Dortmund-Kissen", meint Florian und grinst.

„Ha! Von wegen. Wie wäre es denn mit einer Kissenschlacht? Bayern gegen Dortmund. Dann werden wir ja sehen, wer cooler ist!"

„Ich bin dabei!“

„Erst das Kleid ausziehen“, mahnt Mama. Die Zwillinge verdrehen die Augen und prusten los.

„Schon klar, Mama!“, sagt Lena lachend und stürmt hinter Florian her in ihr Zimmer.

Wenig später ist die Kissenschlacht in vollem Gange und Bayern liegt mächtig in Führung. Da klingelt plötzlich Lenas Handy. Beinahe hätte sie es gar nicht gehört. – Lukas ist dran. Er hat Neuigkeiten.

„Es stand heute Morgen in der Zeitung. Die Polizei hat zwei Bad Boyz verhaftet. Jemand hat gesehen, wie die beiden kurz vor Weihnachten in den Tennisclub eingebrochen sind. Sie haben Alkohol und einen Pokal geklaut.“

„Ist nicht wahr!“ Lena schüttelt den Kopf.

„Was ist nicht wahr?“, will Florian wissen. Lena erzählt es ihm und stellt dann ihr Handy laut, damit Florian mithören kann.

„Für ein paar Flaschen Alkohol und ’nen blöden Pokal brechen die Bad Boyz in ein Vereinsheim ein? Wie bescheuert ist das denn?“

„Keine Ahnung, Florian. Da stand etwas von ‚Halbstarken, die dumme Mutproben machen‘“, erinnert sich Lukas.

„Und deshalb jetzt mächtig Ärger bekommen. Das ist nicht mutig, das ist beknackt!“, stellt Lena fest. Die Jungs sind ganz ihrer Meinung.

„Die Bad Boyz sind also Einbrecher und Diebe“, überlegt Florian. „Dann haben sie bestimmt auch das Buch aus unserer

Kirche geklaut. Jedenfalls sollten wir mal zum Gießereigelände fahren und uns diese Rockerbande etwas genauer anschauen, wenn wir aus München zurück sind."

„Das wird aber noch dauern", wirft Lena ein. „Wir sind noch über eine Woche hier."

„Und ich fahr übermorgen auch weg, zu Papa und Max. In Leipzig gibt es bestimmt keine Moorburger Nachrichten." Lukas klingt fast ein wenig traurig.

„Kopf hoch, Jungs! Jammern hilft nicht", meint Lena schließlich. „Sobald wir wieder zu Hause sind, legen wir los."

Florian stöhnt. Geduld ist überhaupt nicht seine Stärke.

Aber dann vergehen die nächsten Tage doch wie im Flug. An Silvester dürfen die Zwillinge bis Mitternacht aufbleiben, Blei gießen und Knallbonbons mit kleinen Glücksbringern darin platzen lassen. Um Mitternacht gehen sie gemeinsam vor die Tür. Papa und einige Nachbarn schicken Raketen in den Himmel, Hände werden geschüttelt und alle wünschen sich ein gutes neues Jahr.

Und am 4. Januar heißt es dann wieder Koffer packen – es geht zurück nach Moorburg. Ganz oben in Lenas Koffer liegt eine Postkarte für Lukas. Lena hat sie bei ihrem Besuch im Münchner Dom gekauft. Darauf ist der barmherzige Vater zu sehen, wie er seinen verlorenen Sohn in den Arm nimmt. Das Bild sieht fast genauso aus wie das aus dem gestohlenen Buch. Lena freut sich schon auf Lukas' Gesicht, wenn sie ihm die Karte schenkt.

Auf dem Gießereigelände

Wieder zu Hause sausen die Zwillinge gleich rüber zu Chris. Hannes und Lukas sind noch nicht da. Sie kommen erst morgen zurück und übermorgen beginnt die Schule wieder.

Aufgeregt erzählt Florian von Lukas' Anruf und den beiden verhafteten Bad Boyz.

„Weiß ich doch längst!", meint Chris lässig. „Mein Papa hat auch schon davon gesprochen. Er ist selbst im Urlaub immer über alles informiert, was in der Redaktion so läuft. Deshalb hätte Lukas euch nicht extra anrufen müssen." Florian rollt mit den Augen. Ob Chris und Lukas jemals das Kriegsbeil begraben werden?

„Gibt es denn auch was Neues über das verschwundene Evangeliar?"

„Nee, leider nicht. Die Polizei hat immer noch keine heiße Spur."

„Gut, dann fahren wir nächsten Samstag alle zusammen zum Gießereigelände und schauen uns die Bad Boyz mal genauer an."

„Ich weiß nicht." Lena findet die Idee plötzlich gar nicht mehr so gut wie noch vor ein paar Tagen. Irgendwie hat sie bei der Sache ein ganz komisches Gefühl. Was, wenn die Rocker sie erwischen? Mit einem Haufen Achtzehnjähriger legt man sich besser nicht an, wenn man selbst gerade erst neun ist. „Außerdem haben wir Anfang Januar, nicht gerade die richtige Zeit für Motorradrennen. Wer sagt denn, dass die Bad Boyz überhaupt da sein werden und wir nicht umsonst hinradeln?"

Florian schaut verwundert zu Lena. „In München warst du doch noch dafür."

„Ja, schon. Aber jetzt bin ich mir eben nicht mehr so sicher."

„Ach komm schon. Draußen ist es doch gar nicht so kalt und geschneit hat es auch noch nicht. Wir nehmen unsere Ferngläser mit und gucken nur von Weitem, okay?"

„Warum gehen wir nicht einfach zur Polizei und erzählen dort, was wir wissen?", startet Lena einen letzten Versuch.

Doch Florian winkt ab. „Was wissen wir denn schon? Lukas hat lediglich einen komischen Typen in Lederjacke gesehen, der wahrscheinlich ein Bad Boy ist. Er hat aber nicht gesehen, dass der eine Woche später auch tatsächlich das Buch geklaut hat. Noch mal mache ich mich nicht zum Affen! Der Anpfiff vom Pfarrer hat mir gereicht. Erst brauchen wir Beweise!"

Chris nickt. „Florian hat recht, Lena. Bisher glauben wir ja nur, dass der Typ etwas mit dem Diebstahl zu tun hat. Vielleicht irren wir uns ja auch."

Lena gibt sich geschlagen. Florian und Chris strahlen.

„Gut, dann also nächsten Samstag. Hannes und Lukas sind bestimmt auch dabei."

„Lukas kommt auch mit?", fragt Chris gedehnt. Dabei macht er ein Gesicht, als habe man ihn gebeten, einen stinkenden Käse mitzunehmen.

„Mensch Chris, jetzt hab dich nicht so!", schimpft Florian, und auch Lena schüttelt genervt den Kopf.

„Ist ja schon gut." Chris zwingt sich zu einem Lächeln. „Dann eben mit Lukas."

Am nächsten Samstag schwingen sich die vier Freunde zusammen mit Lukas auf ihre Räder und fahren zum alten Gießereigelände. Alle sind dick eingepackt, tragen Schal, Mütze und Handschuhe. Zum Glück hat es bis jetzt immer noch nicht geschneit. Das Thermometer zeigt sogar leichte Plusgrade an.

Auf dem Gießereigelände verstecken sich die fünf hinter einer Gruppe von alten Containern, die am Rand des Geländes munter vor sich hin rosten. „Wie bestellt und nicht abgeholt", denkt Lena und schüttelt sich. Ihr ist kalt und eigentlich will sie überhaupt nicht hier sein.

Allerdings muss sie zugeben, dass man von hier aus einen prima Überblick über das ganze Gelände hat mit dem uralten Schuppen in der Mitte und den drei riesigen Schuttbergen dahinter. Das Gießereigebäude selbst wurde schon vor drei Jahren wegen akuter Einsturzgefahr abgerissen.

Nun heißt es wieder warten.

Abwechselnd schauen die fünf durch die Ferngläser der Zwillinge. Doch nichts passiert.

Nach fast zwei Stunden in der nasskalten Luft sind ihre Klamotten klamm und die Finger steif, trotz der dicken Handschuhe.

„Lasst uns nach Hause fahren", bettelt Lena bibbernd. „Hier tut sich ja doch nichts."

Da hören die fünf von der Straße her das knatternde und röhrende Geräusch schnell näher kommender Motorräder.

„Runter", zischt Florian und zieht Lena neben sich. Hannes und Lukas schauen durch die Ferngläser.

„Da kommen sie. Es sind mindestens acht. Sie fahren zum Schuppen rüber", sagt Hannes und reicht das Fernglas an Lena weiter.

Lukas gibt seins an Chris. „Jetzt stellen sie ihre Maschinen ab und ziehen die Helme aus."

„Das gibt's doch nicht. Das ist ja Tobias Bergmann, Mias Bruder", flüstert Lena plötzlich. Ihre Stimme klingt rau und heiser von der Kälte. Doch sie ist sich absolut sicher, das dort

hinten ist Mias Bruder. Dass er Motorrad fährt, wusste sie sogar. Aber ein Bad Boy? Sie hat noch nie gesehen, dass Tobias so eine Jacke trägt. Oder doch? Lena kann sich nicht erinnern.

„Lukas, erkennst du den Typen dort hinten? Der, der jetzt seine rote Maschine auf den Ständer schiebt." Lena gibt Lukas ihr Fernglas und Lukas schaut sich den Rocker noch einmal ganz genau an. Die anderen vier wagen kaum zu atmen.

„Die Größe und Haarfarbe passen", meint Lukas schließlich. „Aber an das Gesicht kann ich mich nicht erinnern. Ich hatte es so eilig, aus der Kirche zu kommen, da hab ich nicht genau hingesehen." Lukas schaut zerknirscht in die Runde. „Er könnte es gewesen sein, aber sicher bin ich mir nicht."

Florian überlegt. „Tobias ist nicht nur ein Bad Boy, er ist auch Mias Bruder und der Sohn von Frau Bergmann. Er könnte also tatsächlich der Typ in der Lederjacke gewesen sein, den Lukas in der Kirche gesehen hat. Oder ist da noch ein Bad Boy, den wir kennen?" Die anderen schütteln den Kopf.

„Okay, dann also Tobias", meint Hannes, „aber jetzt fahren wir erst mal zu mir. Ich spüre meine Zehen kaum noch."

Echte Freunde

„Und was machen wir jetzt?", fragt Lena in die Runde. Die fünf hocken in Hannes' Zimmer, jeder mit einem großen, dampfenden Becher Kakao in der Hand.

Hannes' Mutter hat gleich einen ganzen Topf voll gekocht, als die Freunde vollkommen durchgefroren vor der Tür standen. Nun zermartern sie sich den Kopf darüber, was sie als Nächstes tun sollen.

Florian schaut zu seiner Schwester rüber. „Du verstehst dich doch gut mit Mia, oder?" Lena nickt. „Dann hab ich eine Idee!" Florian nippt an seinem Becher und verzieht das Gesicht. „Heiß!"

„Jetzt mach's nicht so spannend!", brummt Hannes ungeduldig.

Florian grinst. „Wie wäre es, wenn Lena sich mit Mia bei ihr zum Spielen verabredet?"

Die anderen schauen Florian fragend an. „Und was soll das bringen?"

„Ganz einfach, dann kann sie sich ganz unauffällig bei Mia umschauen. Vielleicht findet sie ja einen Hinweis. Irgendetwas, das uns weiterhilft."

Lena ist nicht begeistert. Sie mag Mia und will ihre Klassenkameradin nicht ausspionieren.

„Glaubst du wirklich, Tobias versteckt das Buch bei sich zu Hause, wenn er der Dieb ist? So blöd ist er bestimmt nicht!"

„Nee, natürlich nicht." Florian überlegt kurz. „Aber du könntest Mia doch etwas auf den Zahn fühlen und sie ein bisschen aushorchen. Vielleicht weiß sie ja was und verrät sich."

Das gefällt Lena noch viel weniger. „Du immer mit deinen

voreiligen Verdächtigungen! Für dich steht schon längst fest, dass Tobias der Täter ist. Vielleicht haben er und die Bad Boyz aber auch gar nichts mit der Sache zu tun! Hast du daran mal gedacht?", schimpft Lena und verschränkt die Arme vor der Brust. Mit zusammengekniffenen Augen funkelt sie ihren Bruder wütend an.

„Ja, ja, schon gut! Aber im Augenblick ist Tobias nun mal unsere einzige Spur." Florian schickt seiner Schwester einen seiner viel geübten Treuer-Hund-bettelt-um-Wurst-Blicke. Besser hätte selbst Pelle den nicht hinbekommen.

Lena verdreht die Augen und stöhnt. „Ich kann's ja mal versuchen", murmelt sie dann. Florian, Lukas und Hannes nicken zufrieden. Nur Chris nimmt ganz vorsichtig Lenas Hand und drückt sie leicht. Lena schaut hoch und lächelt, aber nicht richtig. Sie findet Florians Idee immer noch saublöd.

Am Montag in der ersten Pause soll Lena Mia ansprechen. Sie fühlt sich grässlich. Warum hat sie sich nur von Florian dazu überreden lassen? Aber jetzt muss sie da durch! Sie hat es den Jungs versprochen.

Florian, Lukas und Hannes stehen etwas abseits in einer Ecke des Schulhofs und beobachten Lena. Neben ihnen tippelt Chris nervös von einem Fuß auf den anderen und hält seiner Freundin die Daumen.

Lena streckt ihrem Bruder die Zunge raus und geht dann zu Mia.

„Hallo Lena, willst du heute Nachmittag zu uns kommen? Helene kommt auch. Wir wollen kleine Brote für die nächste Kommunionstunde backen. Zu dritt wird das bestimmt noch lustiger."

„Ja, gern." Das ging ja leichter als gedacht.

„Super! Heute Nachmittag um drei, ja?", freut sich Mia.

Lena nickt. Schnell dreht sie sich um und läuft zu den Jungs. Aber sie hat ein ganz schlechtes Gewissen. Immerhin geht sie zu Mia, um sie auszuhorchen.

Fünf Minuten später ist die Pause zu Ende und Lena schiebt ihr schlechtes Gewissen erst einmal beiseite. Sie haben jetzt

Deutsch bei Frau Nebeling. Es geht um Märchen und Lena liebt die Geschichten von Zwergen, Feen und Zauberwesen. Doch ausgerechnet Lukas soll den ersten Abschnitt von Rumpelstilzchen vorlesen.

Lukas hat noch kein einziges Wort gelesen, da ist er schon knallrot im Gesicht. Schweißperlen glänzen auf seiner Stirn und seine Hände zittern. Dann stottert und stolpert er durch den ersten Satz. Die Mädchen fangen an zu kichern, die Jungs halten sich den Bauch vor Lachen. Einige tuscheln und machen sich über ihn lustig. Nur Florian, Lena, Chris und Hannes nicht!

Noch bevor Frau Nebeling was sagen kann, springt Florian auf. Dabei ist er genauso quietschrot im Gesicht wie Lukas, allerdings vor Wut und nicht, weil er sich schämt. „Ihr seid so was von blöd! Lukas kann nicht gut lesen, na und? Dafür kann er andere Sachen tausendmal besser als ihr alle zusammen!", brüllt er in die Klasse und stemmt trotzig die Fäuste in die Seiten.

Den anderen fällt die Kinnlade runter. Mit offenem Mund sitzen sie da und starren Florian an.

Frau Nebeling nickt. „Florian hat recht! Jeder Mensch kann einige Dinge besonders gut, dafür andere weniger", sagt sie und schaut ernst in die Runde. „Deshalb darf man ihn aber nicht auslachen."

Einige Mädchen sind jetzt ebenfalls puterrot im Gesicht. Ein paar Jungs murmeln etwas, was sich beinahe wie eine Entschuldigung anhört. Die meisten aber schauen verlegen auf

ihre Hände und sagen gar nichts. Alle fühlen sich unwohl, auch Florian und Lukas.

„Eigentlich kann ich ja lesen." Lukas sagt das so leise, dass man ihn kaum versteht. Plötzlich ist es mucksmäuschenstill in der Klasse. Alle schauen auf Lukas. Der blickt stur auf das Buch zwischen seinen Händen, während er weiterspricht. Die anderen anzusehen, traut er sich nicht.

„Ähm, als ich mit meinen Eltern von Köln nach Leipzig gezogen bin, da ... da konnte ich die Leute dort überhaupt nicht verstehen. Und, also … und in Leipzig spricht man nämlich Sächsisch. Nicht im Unterricht oder so, da spricht man Hochdeutsch. Aber in den Pausen oder nachmittags beim Spielen. Das klingt dann ungefähr so: Läpzisch und schän." Die anderen kichern und Lukas wird mutiger. „Und weil ich nicht so sprechen kann, haben mich die Kinder aus meiner Klasse ständig geärgert. Irgendwann hab ich dann gar nichts mehr gesagt, auch nicht im Unterricht. Tja, und dann sollte ich zum ersten Mal hier in der Klasse vorlesen. Ich war so aufgeregt und hab einfach kein Wort rausgekriegt. Und dann habt ihr mich ausgelacht und dann ging halt gar nichts mehr."

Schweigen. Keiner weiß so richtig, was er sagen soll. Schließlich spricht Frau Nebeling für die Klasse: „Das tut uns leid, Lukas! Aber jetzt, wo wir deine Geschichte kennen, können wir dir bestimmt helfen." Alle nicken eifrig.

Da hat Florian eine Idee. „Lukas kann ja erst mal nur mir was vorlesen, so lange, bis er sich wieder vor der ganzen Klasse traut. Schließlich sind wir Freunde!"

Frau Nebeling ist begeistert. „Super, Florian, genau das machen wir!"

Lukas fällt ein Stein vom Herzen und er ist froh, dass er in Florian einen so guten Freund gefunden hat.

Auf Schatzsuche

Wie verabredet macht sich Lena um kurz vor drei auf den Weg zu Mia. Dabei hat sie eine Stinkwut im Bauch, vor allem auf sich selbst. „Warum lass ich mich nur immer wieder breitschlagen?", schimpft sie. Dann schluckt sie ihren Ärger runter und klingelt.

Mia freut sich riesig. Sofort schnappt sie Lenas Hand und zieht sie hinter sich her in die Küche. Helene ist auch schon da und die Mädchen beginnen damit, Mehl und Butter abzuwiegen, und lösen Hefe in warmem Wasser auf. Noch eine Prise Salz und ein Ei dazugeben und gut durchkneten, bevor der Teig ein paar Minuten ruhen muss. Dann nochmal kneten, kleine Brote formen und ab damit in den Ofen. Mmh, wie das duftet!

Die drei sind so beschäftigt, dass sie gar nicht bemerken, wie die Zeit vergeht. Tobias und das gestohlene Buch hat Lena längst vergessen.

Schon ist es halb sieben und Mama bittet Florian, Lena abzuholen. Im Januar ist es um diese Uhrzeit schon stockdunkel und Mama hasst es, wenn Lena allein nach Hause gehen muss. Auch wenn Mia im Buschweg wohnt und dieser nur fünf Minuten von der Schillerstraße entfernt ist. Florian findet das zwar albern, schnappt sich aber trotzdem seinen Roller und fährt los.

Als er gerade in den Buschweg einbiegen will, kommt Tobias auf seinem Motorrad angebraust und saust an ihm vorbei. Doch keine hundert Meter weiter stoppt er plötzlich. Florian traut seinen Augen kaum. Tobias steigt doch tatsächlich ab und schiebt seine Maschine hastig die Straße hinunter, am Haus seiner Eltern vorbei. Dabei schaut er sich immer wieder hektisch um. Florian findet das höchst merkwürdig. Schnell versteckt er sich hinter einer Gruppe immergrüner Büsche, die hier überall am Straßenrand stehen.

Tobias schiebt sein Motorrad bis zum anderen Ende der Straße. Dort stellt er die Maschine ab, wartet einen Moment und holt dann etwas unter einem der Büsche hervor. Er zieht seine Jacke aus, stopft sie in dieses Etwas hinein, versteckt es wieder unter dem Busch und fährt danach nach Hause.

Was soll das denn?

Florian wartet, bis Tobias im Haus verschwunden ist. Erst dann läuft er zu dem Busch und schaut nach, was Tobias dort verborgen hat. Unter den Ästen und Zweigen findet er eine Blechkiste. Sie ist gerade mal so groß, dass die Lederjacke knapp hineinpasst.

Vorsichtig zieht Florian sie ein Stück vor. Die Kiste ist mit einem Vorhängeschloss gesichert, aber das stört Florian nicht weiter. Er weiß ja schon, was drin ist. Da hört er auf einmal hinter sich Schritte, die rasch näher kommen. Erschrocken fährt Florian hoch und dreht sich um. Vor ihm steht Tobias!

„Ich wollte nur … Ich meine, ich … ", stammelt Florian. Vor Schreck ist sein Gehirn wie vernagelt. Es kommt einfach nichts Gescheites mehr raus.

„Du bist doch Lenas Bruder, oder?" Tobias' Frage klingt mehr wie eine Drohung. Er baut sich vor Florian auf und stemmt die Fäuste in die Seite.

Florian schluckt und nickt. „Ich … ich soll sie bei euch abholen", stottert er.

„Und was willst du dann mit meiner Kiste?"

„Ich, ähm, also, ich hab gesehen, wie du deine coole Jacke hier versteckt hast. Die ist doch echt klasse! Ich versteh gar nicht, warum du das machst."

Tobias mustert Florian von oben bis unten. Dann lacht er plötzlich und sieht gar nicht mehr böse aus. „Du findest meine Jacke also cool, was?" Florian nickt erleichtert.

„Kann ich verstehen!" Tobias grinst lässig, blickt sich einmal um und holt dann einen kleinen Schlüssel aus seiner Hosentasche, mit dem er die Kiste aufschließt. Stolz hält er Florian die Jacke hin. „Willst du mal anziehen?"

„Wirklich?" Florians Augen sind bestimmt tortentellergroß, so überrascht ist er.

„Klar! Mach ruhig."

Schnell schlüpft Florian in die Jacke. Sie ist viel zu groß, megaschwer und riecht nach Leder und Motoröl. Aber irgendwie auch total cool, findet er.

„Und warum versteckst du die Jacke jetzt?"

Tobias seufzt. „Weil meine Eltern nicht wollen, dass ich sie trage. Sie haben mir sogar strikt verboten, bei den Bad Boyz mitzumachen. Aber das sind nun mal meine Freunde!"

„Schöne Freunde", denkt Florian. Aber Tobias ist eigentlich ganz okay. Immerhin hat er Florian weder gepackt noch hat er ihm eine reingehauen, als er ihn erwischt hat. Im Gegenteil, er durfte sogar die Jacke anprobieren.

„Du verrätst mich doch nicht?"

Florian schüttelt den Kopf. „Nee, keine Bange. Mir gefällt die Jacke ja auch. Ich find's nur nicht gut, dass deine Freunde klauen."

„Wer sagt das?" Tobias Miene verfinstert sich schlagartig. Auf einmal sieht er aus wie ein wild gewordener Stier. Und Florian ist das rote Tuch.

Er bekommt ganz weiche Knie. Hätte er doch bloß nichts gesagt! Aber dafür ist es jetzt zu spät. Schnell hebt Florian beschwichtigend die Hände. „He, schon gut. Das mit dem Tennisclub stand doch in der Zeitung."

„Ach, das meinst du."

„Was denn sonst?", fragt Florian unschuldig.

Tobias schüttelt nur den Kopf und schaut an Florian vorbei die Straße hinunter. „Das waren nur ein paar Flaschen Bier und so'n oller Pokal. Außerdem stand das Fenster vom Club-

haus sperrangelweit offen." Dann wendet er sich wieder direkt an Florian. „So schlimm war das doch gar nicht."

„Na, wenn du meinst." Florian zieht die Jacke aus und Tobias verstaut sie wieder unter dem Busch. Dann gehen sie gemeinsam zu Tobias, und Florian kann endlich Lena abholen.

Auf dem Nachhauseweg erzählt Florian seiner Schwester von Tobias und der Kiste. „Darin war aber wirklich nur die Jacke, kein Buch. Und wie ist es bei dir gelaufen?"

Lena schnappt hörbar nach Luft. Dann packt sie ihren Bruder bei den Schultern und schüttelt ihn. „Bei mir? Mensch Florian, spinnst du? Tobias ist achtzehn und mindestens zwei Köpfe größer als du!" Sie mag sich gar nicht vorstellen, was Tobias alles mit Florian hätte anstellen können. „Du hast echt Schwein gehabt!"

Florian nickt. „Aber jetzt wissen wir wenigstens mit Sicherheit, dass die Bad Boyz klauen."

Lena fasst sich an die Stirn. „Das wussten wir doch auch schon vorher!"

„Aber dass der Diebstahl im Tennisclub nicht der einzige ist, der auf das Konto der Bad Boyz geht, das haben wir bisher nur vermutet."

„Und jetzt wissen wir es?" Lena zieht die Stirn kraus und schaut ihren Bruder fragend an.

„Klar! So wie Tobias eben reagiert hat, bin ich mir ganz sicher: Die Bad Boyz haben schon mehr als einmal geklaut! Bestimmt haben sie auch unser Buch. Das sagt mir jedenfalls mein Bauchgefühl!"

„Und mein Bauchgefühl sagt mir, dass es Zeit ist fürs Abendessen. Ich habe Hunger!", sagt Lena und stürmt die Treppe zur Wohnung hoch.

Nach dem Abendessen sitzen die Zwillinge in Lenas Zimmer und grübeln. „Warum klauen die Bad Boyz ein Buch aus der Kirche?", überlegt Florian.

„Lukas hat doch was von Mutproben erzählt."

„Und was machen die dann mit dem geklauten Zeug?"

„Keine Ahnung!" Lena zuckt mit den Schultern. „Das bisschen Gold vom Buch und Schloss ist bestimmt nicht viel wert. Obwohl, letztes Jahr hat auch irgend so ein Vollidiot den kleinen, schwarzen Geldkasten für die Opferkerzen geknackt."

Lena kann sich noch gut an den Vorfall erinnern. Ihre Mutter hat sich damals fürchterlich darüber aufgeregt. Doch viel Geld war nicht in dem Kasten. Schließlich kostet eine Kerze gerade mal 50 Cent.

„Und wenn es Menschen gibt, die solche Bücher sammeln und viel Geld dafür bezahlen, um sie zu besitzen?", meint Lena nach einer kurzen Pause. „Vielleicht versuchen die Bad Boyz, das Buch zu verkaufen, zum Beispiel im Internet."

Florian ist beeindruckt. Darauf wäre er selbst gar nicht gekommen.

„Dann treffen wir uns morgen nach unserem Gitarrenunterricht und Hannes' Kommunionstunde alle bei Chris!"

Lena nickt. „Gute Idee."

Ein riskanter Plan

Am nächsten Tag sind die fünf bei Chris. Er ist der einzige
der Freunde, der schon einen eigenen Computer hat. Es ist der
alte von seinem Vater. Der hat jetzt ein neues, superschnelles
Notebook.

Chris gibt die Begriffe „Evangeliar" und „kaufen" in die
Suchmaschine ein. Und tatsächlich, im Netz finden sich
zahlreiche Leute, die solche Bücher verkaufen, und andere,
die so ein Buch kaufen wollen. Die Freunde finden sogar einen Artikel über den Diebstahl eines uralten, sehr wertvollen
Evangeliars.

„Ist ja irre! Die haben 1,75 Millionen Dollar an die Familie
des Diebes gezahlt, nur, um das Buch zurück nach Deutsch-
land zu holen. Das klingt fast so, als hätte man Lösegeld gezahlt. Lösegeld für eine entführtes Buch, das muss man sich
mal vorstellen!" Hannes ist ganz aus dem Häuschen.

„Unser Evangeliar ist aber längst nicht so alt und ganz bestimmt auch nicht so wertvoll", bremst Lena seine Begeisterung. Aber auch sie ist überrascht, wie viel einige der im
Netz angebotenen Bücher kosten sollen. Doch keins davon
sieht aus wie das aus Moorburg. Die Kinder sind enttäuscht.

„Eigentlich überrascht mich das nicht", sagt Chris und fährt
den Computer runter. „Wenn's so leicht gewesen wäre, hätte
die Polizei den Dieb bestimmt schon geschnappt. Die beob-

achten doch auch, was sich im Netz tut. Die sind ja nicht
blöd."

„Verdammter Mist! Wir kommen keinen Schritt weiter." Florian springt auf und geht zum Fenster. Er braucht dringend
frische Luft, um die Enttäuschung aus dem Kopf zu pusten.
So kann er jedenfalls nicht klar denken.

„He, geht's noch?", meckert Chris. „Ich muss hier gleich noch
pennen."

„Bei frischer Luft schläft sich's viel besser", erwidert Florian
trocken, schließt das Fenster aber wieder. Da sieht er, wie die
Bad Boyz die Schillerstraße heruntergebraust kommen. Na-

türlich fährt keiner von denen die vorgeschriebenen dreißig Kilometer pro Stunde! Warum auch? Wozu braucht man schon Verkehrsregeln und -beruhigte Zonen?

„Diese Vollidioten! Und Tobias ist natürlich auch dabei!", grummelt Florian. „Frei nach dem Motto ‚Zusammen sind wir mies'!" Er kocht vor Wut. Florian ist sich sicher, dass die Bad Boyz das Buch gestohlen haben. Wenn sie das doch nur irgendwie beweisen könnten!

Florians Nase fängt an zu kribbeln. „Es ist riskant, aber anders geht es nicht", murmelt er und niest kräftig.

„Was ist riskant?" Lena zieht die Augenbrauen hoch und schaut zu ihrem Bruder. Sie ist nicht gerade ein Fan von Florians verrückten Einfällen. Erst recht nicht nach seiner letzten Idee, dem Ausspionieren von Mia.

Florian knufft seine Schwester in die Seite. „Angsthase!"

„Selber Angsthase!"

Florian grinst, dann erklärt er den anderen seinen Plan: „Wir müssen noch mal zum Gießereigelände und uns dort umschauen. Vielleicht finden wir ja einen Hinweis auf den Täter oder wo das Buch versteckt ist."

Chris, Hannes und Lukas starren Florian an, als hätte er sie nicht mehr alle. Lena schnappt nach Luft. „Du bist echt krank. Ein gesundes Hirn kann sich so einen Schwachsinn gar nicht ausdenken!", meint sie kopfschüttelnd. „Und was passiert, wenn die Typen uns erwischen?"

Florian zuckt mit den Schultern. „Wir müssen eben vorsichtig sein."

Lena zeigt ihrem Bruder einen Vogel. „Das ist ja wohl total verrückt."

„Du hast doch selbst gesagt, so ein Buch versteckt man nicht bei sich zu Hause. Aber das alte Gießereigelände wäre als Versteck absolut perfekt."

„Perfekt hin oder her, es ist viel zu gefährlich!" Lenas Stimme überschlägt sich fast. „Außerdem wissen wir immer noch nicht, ob die Bad Boyz wirklich die Diebe sind!"

„Gerade deshalb sollten wir uns auf dem Gelände umschauen. Wenn wir nichts finden, dann …" Florian beißt sich auf die Unterlippe. „Aber wenn wir was finden, dann sind die Bad Boyz dran."

Lena schließt die Augen und schüttelt den Kopf. Wie kann man nur so unvernünftig sein?

„Und wenn einer von uns Schmiere steht und aufpasst?", schlägt Lukas da vor. Lena dreht sich um und funkelt ihren neuen Freund böse an. Der hebt beschwichtigend die Hände. „Schon gut, war ja nur so ein Gedanke."

„Eigentlich ist das gar nicht so dumm", meint Chris, und auch Hannes nickt.

„Seid ihr jetzt alle komplett übergeschnappt?" Lena rauft sich die Haare und schaut verzweifelt von Chris zu Hannes und dann zu Lukas.

„Lena, wir müssen doch irgendwas tun. Sonst bekommt Pfarrer Schwartz das Buch nie wieder!", sagt Florian und legt seiner Schwester den Arm um die Schulter. „Wenn einer von uns aufpasst und die anderen warnt, sobald einer der Typen auftaucht, kann doch gar nichts passieren."

Lena schüttelt den Kopf und kann es kaum fassen. Florian schafft es schon wieder! „Also gut, einverstanden. Aber sobald wir was gefunden haben, gehen wir zur Polizei!", gibt sie schließlich nach.

Florian strahlt. „Abgemacht! Übermorgen, gleich nach dem Mittagessen, geht's los. Da können alle."

In der Klemme

Am Donnerstag um kurz nach zwei schwingen sich die fünf Freunde auf ihre Räder und fahren noch einmal raus zum alten Gießereigelände. Es hat immer noch nicht geschneit. Überhaupt erinnert das Wetter eher an einen schmuddeligen Novembertag als an Mitte Januar.

Florian schaut zu seiner Schwester rüber. „Wird schon schiefgehen", meint er cool. Doch auch in seinem Bauch kribbelt es, als wären darin tausend Ameisen unterwegs. „Heute ist Donnerstag. Die Bad Boyz fahren ihre Rennen immer samstags, hat Chris' Vater gesagt. Die kommen heute bestimmt nicht hierher."

Lena ist sich da nicht so sicher. Jedenfalls hat sie überhaupt keine Lust, von den Bad Boyz beim Rumschnüffeln erwischt zu werden. Das steht mal fest! Am liebsten würde sie den Jungs die ganze Sache doch noch ausreden. Aber dafür ist es jetzt zu spät. Sie sind da. Hannes und Chris schieben bereits ihre Räder hinter die Container. Lukas und Florian folgen. Lena steigt ab und schaut sich um.

„Von hier aus kann man die Straße zum Gießereigelände gut sehen", stellt Florian zufrieden fest. „Lena, du kannst doch auf zwei Fingern pfeifen, oder?" Lena nickt. Chris hat es ihr letzten Sommer beigebracht. Zum Schluss konnte sie es mindestens genauso gut wie die Jungs.

„Gut! Dann schlage ich vor, wir schauen uns beim Schuppen um. Lena bleibt hier hinter den Containern in Deckung und pfeift, sobald jemand die Straße heraufkommt."

Die Jungs sind einverstanden. Lena überlegt noch einen Augenblick. „Ach, was soll's. Geht nur. Ich pass auf", meint sie.

Die vier Jungs laufen los, runter zum Schuppen. Florian ruckelt an der alten, verrosteten Tür. Die ächzt und quietscht, bewegt sich aber keinen Millimeter.

„Kacke, verdammt! Abgeschlossen!"

„Hier ist ein kaputtes Fenster", ruft Chris von der anderen Seite. „Hebt mich mal hoch."

„Was hast du vor?"

„Abwarten!" Chris grinst.

Florian und Hannes machen Räuberleiter. Jetzt kann Chris bequem durch das kaputte Fenster in den Schuppen schauen, und nicht nur das. Vorsichtig greift er mit einer Hand durch die zerbrochene Scheibe hindurch und schiebt von innen den Riegel hoch.

Lukas fallen fast die Augen aus dem Kopf. „Mensch, Chris, bist du verrückt? Was ist, wenn du dich schneidest?"

„Wollen wir uns nun im Schuppen umsehen oder nicht? Ich dachte, genau deshalb sind wir hergekommen!"

„Aber doch nicht so", stöhnt Lukas. Florian und Hannes halten die Luft an. Zum Glück trägt Chris Handschuhe.

Da springt das Fenster auf.

„Ich klettere rein." Chris ist jetzt nicht mehr aufzuhalten.

„Sei bloß vorsichtig", mahnt Lukas.

„Ja, schon klar." Dann ist Chris auch schon im Schuppen verschwunden.

Florian schüttelt den Kopf und grinst. „Verrückter Kerl!" Er hätte sich das nicht getraut. Nur gut, dass Lena nicht hier ist. Die wäre ausgerastet!

„Boah, hier sieht's aus wie im Schweinestall", ruft Chris von drinnen.

„Und das Buch?"

„Keine Ahnung. Ich weiß ja gar nicht, wo ich suchen soll."

Da hören Florian, Lukas und Hannes das Brummen von Motorrädern. Es sind fünf. Sie fahren ziemlich schnell auf das Gießereigelände zu. Warum hat Lena denn nicht gepfiffen? Florian schreit: „Chris, wir müssen weg. Die Rocker kommen."

„Ja, gleich. Hier ist 'ne Kiste."

„Nein, jetzt!"

„Ich will nur schnell mal reinschauen."

„Chris!" Florian ist nun echt in Panik. „Man kann das mit dem Detektivspielen auch übertreiben."

„Ich werd verrückt! Hier ist das Buch. Und noch ganz viele andere Sachen."

„Chris, lass das Buch und komm endlich!"

Doch es ist zu spät. In diesem Moment rasen fünf Bad Boyz auf das Gelände. Blitzschnell verstecken sich Florian, Hannes und Lukas hinter ein paar alten Fässern, die links vom Schuppen stehen. Die Bad Boyz nutzen diese offensichtlich als Grill oder Feuerstelle. Jedenfalls sind die Fässer am Rand ziemlich angekokelt und stinken eklig nach Rauch. Aber das ist den drei Jungs egal. Sie machen sich nur Sorgen um Chris. Die Rocker stellen ihre Maschinen ab und verschwinden im Schuppen. Gespannt lauschen die Jungs. Anscheinend planen die Bad Boyz ihr nächstes Rennen. Es geht darum, welche Maschine auf Sand und welche auf Kies schneller ist. Die Minuten kriechen dahin.

„Hoffentlich entdecken sie Chris nicht!", flüstert Florian ängstlich. Sein Magen fährt Achterbahn. Lukas und Hannes geht es nicht besser. Dann ist es plötzlich still. Gespannt warten die drei, was als Nächstes passiert.

Da hören sie eine schnarrende Männerstimme: „Na, was ist denn das? Da hat sich doch so 'ne miese kleine Ratte in unserem Schuppen verkrochen."

Florian laufen eiskalte Schauer den Rücken runter. „Scheiße! Jetzt haben sie ihn. Er weint."

„Ach lass doch, Kralle. Der Kleine macht sich ja vor Angst gleich in die Hose." Die Stimme gehört zu Tobias, erkennt Florian.

„Nee, warte mal. Erst will ich wissen, was diese kleine Ratte hier zu suchen hat."

Da rollt plötzlich ein Polizeiwagen auf das Gießereigelände. Der Wagen stoppt in einiger Entfernung vom Schuppen und zwei Beamte steigen aus. Die Jungs können es kaum fassen. Wo kommen die denn auf einmal her?

Sie sehen, wie Lena ihr Versteck verlässt und zu den Polizisten läuft. Sie spricht kurz mit den Beamten, einer der beiden telefoniert, dann gehen sie rüber zum Schuppen.

Lena rennt zu Florian, Hannes und Lukas und schmeißt sich in die Arme ihres Bruders. Sie ist kalkweiß im Gesicht und weint.

„Ich hab gepfiffen, ganz laut", schluchzt sie. „Aber … aber ihr habt mich nicht gehört. Und dann waren die Rocker da. Ich wusste nicht, was ich machen soll. Da hab ich mit dem Handy die Polizei gerufen. Beweise hin oder her!"

„Das hast du gut gemacht", flüstert Florian ihr ins Ohr und hält sie ganz fest. Auch ihm sitzt der Schreck noch in den Knochen.

Als die beiden Polizisten eine Minute später den Schuppen betreten, sind die Bad Boyz vollkommen überrascht. Kralle lässt Chris los und will abhauen. Aber die Polizisten versperren ihm den Weg.

„Hiergeblieben, Bürschchen", rufen sie.

Die anderen vier stehen wie angewurzelt da und wissen nicht, was sie tun sollen. Schließlich nehmen sie die Hände hoch und ergeben sich.

Und mittendrin steht Chris und schlottert am ganzen Körper. Bewegen kann er sich nicht. Seine Beine sind schwer wie Blei.

„Na, mein Junge, haben sie dir was getan? Bis du verletzt?", fragt ihn einer der Polizisten freundlich. Chris schüttelt den Kopf.

„Dann erzähl uns doch mal, was hier los war."

Chris schluckt heftig, aber er bringt keinen Ton heraus. Es ist fast so, als würden die Worte in seinem Hals feststecken.

Da tauchen Florian, Hannes, Lukas und Lena hinter den Polizisten auf.

„Wir können das erklären", sagt Florian mutig. „Die Bad Boyz haben das Buch gestohlen. Das Fenster war kaputt und …"

„Nun mal langsam. Von welchem Buch sprichst du?", unterbricht ihn der Polizist.

„Die Bad Boyz haben es aus der Kirche geklaut. Es ist da drin", schluchzt Chris jetzt und deutet auf eine geöffnete Kiste weiter hinten im Raum. Dabei zittern seine Finger und seine Stimme ist ganz wackelig, genauso wie seine Beine.

„Interessant!" Der Beamte geht an den Bad Boyz und Chris vorbei und schaut hinein. „Sehr interessant! Hier ist nicht nur das Buch, hier sind auch noch jede Menge anderer Sachen. Alle gestohlen, denke ich."

Der zweite Polizist nickt und zückt seine Handschellen. „Dann begleiten uns die Herren jetzt auf die Wache. Wir haben schon Verstärkung angefordert. Die Kollegen müssen jeden Augenblick hier sein."

Wie aufs Stichwort fahren in diesem Moment weitere Polizeiautos aufs Gelände. Handschellen klicken, und die Bad Boyz werden auf die Polizeiwagen verteilt, immer zwei in ein Auto. Nur Kralle sitzt allein in einem der Wagen und flucht lautstark vor sich hin.

Die Freunde gehen zu Chris, und Lena legt ihm tröstend den Arm um die Schultern.

„Ihr kommt am besten auch mit", meint einer der Polizisten. „Dann können wir eure Aussage gleich schriftlich festhalten." Die Freunde nicken und folgen ihm zum Wagen.

Ein Bild für den Gottesdienst

Als die fünf Freunde auf der Wache ankommen, sind ihre Eltern schon da. Lenas Mutter nimmt ihre Tochter fest in den Arm und drückt ihr einen Kuss auf die Wange. „Was macht ihr nur für Sachen?", murmelt sie und schüttelt den Kopf. Sie hat sich furchtbar erschrocken, als der Anruf kam.

Und Lukas' Mutter meint: „Ich finde es wirklich toll, dass ihr das Buch wiedergefunden habt. Aber solltest du noch einmal auf eigene Faust Detektiv spielen, mein Sohn, bekommst du die nächsten zehn Jahre Hausarrest. Mindestens!" Dabei wuschelt sie Lukas erleichtert durch die Haare.

Ein Stück weiter den Gang runter steht Frau Bergmann mit ihrem Mann. Sie ist weiß wie eine Wand und sie hat geweint. Das sieht man.

Da kommt Tobias aus einem der Zimmer. Mit gesenktem Kopf und hängenden Schultern schleicht er zu seinen Eltern. Er fühlt sich schrecklich. Gäbe es eine Zeitmaschine, er würde sofort einsteigen und losfliegen, zurück in die Vergangenheit, und alles anders machen.

Florian fasst sich ein Herz und geht zu ihnen. „Tobias wollte Chris helfen. Das haben wir gehört."

„Lass nur, Florian. Ich bin genauso schuld. Ich habe auch geklaut", flüstert Tobias kleinlaut.

Frau Bergmann beginnt wieder zu weinen.

„Weißt du, wenn man ein Bad Boy sein will, muss man vorher eine Mutprobe machen. Erst dann gehört man so richtig dazu." Tobias sagt das ganz leise und schaut dabei auf den Boden.

Florian nickt. „Das haben wir uns schon gedacht."

„Das Evangeliar hab ich zwar nicht gestohlen, aber der Tipp kam von mir, leider. Kralle wollte unbedingt, dass wir mal was anderes klauen als immer nur Schnaps und Zigaretten. Da hab ich ihm blöderweise von dem Buch erzählt und Steffen hat es dann getan."

„Warum hast du überhaupt bei denen mitgemacht?"

Tobias zuckt mit den Schultern. „Das weiß ich selbst nicht mehr so genau." Er schluckt. „Jetzt bekomme ich jedenfalls 'ne Menge Ärger! Diebstahl ist Diebstahl, auch wenn ich alles zugegeben hab. Hoffentlich muss ich nicht ins Gefängnis." Am Ende zittert Tobias Stimme und seine Augen glänzen verdächtig.

„Wir schaffen das!", meint Tobias' Vater da und legt seinem
Sohn tröstend eine Hand auf die Schulter. „Wichtig ist nur,
dass du der Polizei alles gesagt hast."

Tobias nickt. Seine Mutter tupft sich mit dem Taschentuch
über die Augen und wendet sich an Florian: „Danke, dass du
uns das erzählt hast. Das war sehr nett von dir."

„Kein Ding", verabschiedet sich Florian und geht wieder zurück zu den anderen. Tobias hat riesigen Bockmist gebaut!
Trotzdem tut er Florian leid – ein bisschen wenigstens. Und
seine Eltern erst. Und Mia.

Am nächsten Tag in der Schule sind die Bad Boyz Gesprächs-
thema Nummer eins. Immer wieder müssen Florian, Lena,

Chris, Hannes und Lukas erzählen, was gestern auf dem alten Gießereigelände passiert ist.

Mia weiß am Anfang nicht so recht, wie sie sich verhalten soll. Doch Lena geht einfach auf sie zu, schnappt sich ihre Hand und zieht sie mit sich in den Kreis der anderen. Mia lächelt und drückt Lenas Hand. „Danke!"

Am Nachmittag treffen sich alle bei Chris. Sein Vater will einen Bericht für die Zeitung schreiben. Über die fünf Freunde, die Bad Boyz und das gestohlene Buch. Pfarrer Schwartz ist auch da.

„Die Polizisten haben mir erzählt, dass sie ohne euch das Evangeliar nicht so schnell wiedergefunden hätten", sagt er. Man sieht ihm an, wie sehr er sich freut. Dankbar und überglücklich schüttelt er den Kindern die Hand. Florian, Lena, Chris, Hannes und Lukas ist das ein bisschen peinlich.

Von nun an liest Pfarrer Schwartz das Evangelium nur noch aus einem schlichten, einfachen Buch vor. Das Schmuckevangeliar kommt erst in der Osternacht wieder zum Einsatz. Den ganzen Gottesdienst lang lässt der Küster, Herr Wirsing, das Buch nicht aus den Augen, und am Ende der Messe trägt er es sofort zurück in die Sakristei. Da geht er kein Risiko mehr ein!

Und dann ist es so weit! Die Eltern der Zwillinge und Lukas' Mutter haben spontan beschlossen, die Erstkommunion ihrer Kinder gemeinsam zu feiern. Der Wetterbericht hat Sonne vorhergesagt und der Garten hinter ihrem Haus ist groß genug dafür. Dort werden sie am Tag vor der Kommunion ein großes Zelt aufbauen, in dem alle Gäste Platz haben.
Aber jetzt sitzt Lena erst mal zusammen mit Florian, Chris und den anderen Kommunionkindern aus ihrer Gruppe in der ersten Bank und wartet darauf, dass die Probe anfängt. Nur Lukas fehlt noch. Dafür kommt Frau Bergmann zu ihnen rüber.
„Tobias hatte gestern seinen Gerichtstermin", erzählt sie Florian, Lena und Chris leise. „Er muss nicht ins Gefängnis!" Frau Bergmann lächelt erleichtert. „Allerdings muss er Pfarrer Schwartz in den nächsten Wochen bei seiner Arbeit in der Gemeinde helfen. Zu fünfzig Sozialstunden hat der Richter ihn verurteilt. Wir sind so froh, dass alles glimpflich ausgegangen ist!"
Dann tritt Pfarrer Schwartz ans Lesepult.

„Wo bleibt Lukas?", flüstert Florian. Lena zuckt mit den Schultern und schaut zur Tür. Hoffentlich ist nichts passiert!

Da kommt Lukas in die Kirche gestürmt. Auf dem Rücken trägt er seinen blauen Rucksack. Er entschuldigt sich kurz bei Frau Bergmann und Pfarrer Schwartz und rutscht dann neben Florian in die Bank.

„Schön, dass ihr da seid", begrüßt Pfarrer Schwartz die Kinder. „Jetzt ist es bald so weit. Ihr geht zum ersten Mal zur Kommunion! Und wie das genau geht, das üben wir jetzt."

Zuerst wird der Einzug geprobt. Die Kinder sollen sich zu zweit aufstellen, immer zwei Jungs und zwei Mädchen im Wechsel. Florian darf neben Lukas gehen, Lena geht mit Mia und Hannes mit Chris.

Herr Wirsing verteilt die Programmhefte und Pfarrer Schwartz erklärt, wie das mit der Wandlung von Brot und Wein und der Kommunionausteilung am Sonntag funktionieren wird. Zum Schluss wird noch ausgelost, wer im Gottesdienst eine Fürbitte oder das Kyrie lesen darf.

„Pfarrer Schwartz, kann ich Ihnen noch was zeigen?", fragt Lukas am Ende der Probe.

„Aber sicher."

„Nur Ihnen ganz allein?"

„Na, dann komm mal mit."

Lukas schnappt sich seinen Rucksack und folgt Pfarrer Schwartz in die Sakristei. Lena schaut verwundert zu Florian. „Was hat er vor?"

„Ich glaub, ich weiß es", meint der und grinst geheimnisvoll.

Es dauert nicht lange und Lukas ist wieder da. In der einen Hand hält er den offenen Rucksack, in der anderen einen Block. Und er strahlt! Lukas ist so glücklich, er könnte die ganze Welt umarmen. Da kommt auch Pfarrer Schwartz aus der Sakristei.

„Bevor wir für heute auseinandergehen, will Lukas euch noch etwas zeigen. Komm doch mal her, Lukas. Nur Mut", sagt er und lächelt.

Lukas geht mit dem Block in der Hand nach vorne. Den Rucksack hat er diesmal in der Bank gelassen. Dann schlägt er die ersten Seiten auf und alle Kommunionkinder, Frau Bergmann und die anderen Gruppenleiter staunen.

Pfarrer Schwartz schmunzelt. „Ja, unser Lukas ist ein richtiger Künstler! Er hat das Bild vom barmherzigen Vater aus unserem Evangeliar abgezeichnet. Und er hat das wirklich großartig gemacht. Findet ihr nicht auch?" Alle nicken und klatschen. Lukas lacht und fühlt sich großartig.

„Deshalb habe ich Lukas auch gebeten, das Bild bis übermorgen fertig zu malen. Es wird dann während der Kommunionmesse hier neben dem Altar stehen und hinterher werden wir es in eurem Gruppenraum im Pfarrheim aufhängen. Na, wie wäre das?"

Die Kommunionkinder sind begeistert. Alle stürmen nach vorne, jeder will das Bild einmal aus der Nähe sehen. Einige klopfen Lukas auf die Schulter oder knuffen ihn freundschaftlich in die Seite. Lukas kann sein Glück kaum fassen.

„Und das mit dem Fleck bekommen wir auch wieder hin, hat

Pfarrer Schwartz gesagt", erzählt er seinen Freunden wenig später auf dem Heimweg. „Er kennt jemanden, der kann sogar uralte Bücher reparieren!"

Das große Fest

Endlich ist der große Tag da. Und wie angekündigt, strahlt die Sonne mit den Kommunionkindern um die Wette. Lena steht in ihrem schlichten Sommerkleid und der weißen Strickjacke vor dem Spiegel und dreht sich hin und her. Zur Feier des Tages hat sie Mama sogar erlaubt, ihre langen, braunen Haare zu flechten und kleine Margeritenblümchen in die Frisur zu stecken.

„Wie eine kleine Prinzessin", sagt Mama und lächelt selig. Lena rümpft die Nase. Aber wenn sie ehrlich ist, findet sie sich auch wunderschön.

Da kommt Florian ins Zimmer gestürmt. Er trägt ein weißes Hemd, einen dunkelblauen Anzug und sogar eine passende Krawatte. „Florian sieht aus wie eine Miniausgabe von Papa, wenn er mit Mama ins Theater geht", denkt Lena und kichert. „Mama, Lena, wir müssen los! Lukas und seine Eltern warten schon. Max ist auch dabei."

Lukas' Vater und sein Bruder Max sind extra für den großen Tag aus Leipzig gekommen. Als Lena Lukas mit seinem Vater sieht, fällt ihr etwas ein. „Wartet, ich hab was vergessen", ruft sie, macht auf dem Absatz kehrt und saust wie ein geölter Blitz zurück in die Wohnung. Die Eltern der Zwillinge schauen verwundert zu Florian. Der zuckt nur mit den Schultern. Dann ist Lena auch schon wieder da.

„Schau mal, die haben wir dir aus München mitgebracht." Sie reicht Lukas die Postkarte mit dem Bild vom barmherzigen Vater und grinst. „Besser spät als nie." Sie waren alle so mit der Suche nach dem gestohlenen Evangeliar beschäftigt, dass die Zwillinge die Postkarte ganz vergessen hatten. Bis jetzt.

„Danke." Lukas freut sich riesig. Das wird heute ein super Tag! Er wird mit seinen neuen Freunden zum ersten Mal zur Kommunion gehen, sein Vater und Max sind da und nach der Kirche werden sie alle zusammen bei Sonnenschein draußen im Garten feiern.

Als sie in der Kirche ankommen, steht auf einer Staffelei neben dem Altar Lukas' Bild. Es ist toll geworden!

Pfarrer Schwartz hat für den Gottesdienst extra die Geschichte vom barmherzigen Vater ausgewählt und natürlich liest er aus dem Schmuckevangeliar. Dann holt er Lukas zu sich nach vorne. „Das wunderschöne Bild hier hat dieser junge Künstler für uns gemalt", erklärt er der Gemeinde. Es gibt spontanen Applaus. Lukas grinst schüchtern und wird ein klein wenig rot.

Nach der Messe stellen sich alle Kommunionkinder vor dem Altar zu einem Gruppenfoto auf. Lukas steht zwischen Florian und Chris.

„Du, Lukas … ich find's toll, dass wir jetzt Freunde sind", flüstert Florian.

„Jetzt bitte schön lächeln und die Kerzen gerade halten!", ruft der Fotograf.

Lukas strahlt.